Compendio

di

Scienza delle Finanze

DirittoSmart

Diritto Smart è un'esclusiva collana "Portalba Editori®" elaborata per tutti coloro che intendono dotarsi di un supporto utile a perfezionare ed accelerare la fase di memorizzazione delle materie di studio e di interesse di stampo giuridico.

I volumi Diritto Smart sono realizzati con l'obiettivo di stimolare sia la memoria semantica, favorendo la rapidità della comprensione con un'esposizione scientifica ma chiara, sia la memoria visiva, sviluppando gli argomenti schematicamente e rendendoli di agevole ed immediata memorizzazione.

Le pubblicazioni Diritto Smart sono fortemente raccomandate per la preparazione di esami universitari, per lo studio delle materie richieste nei bandi di concorso e per chi intende sostenere esami di abilitazione.

Il nostro consiglio è comunque di affiancare e integrare i volumi Diritto Smart con manuali completi della materia oggetto di studio: se il lettore è completamente a digiuno dei concetti trattati, infatti, riuscirà a comprendere e padroneggiare più facilmente la materia confrontando i due approcci didattici.

I nostri riferimenti social

Sito: www.portalbaeditori.it

Indirizzo e-mail: info@portalbaeditori.it

INDICE

I. RICHIAMI DI MICROECONOMIA — 9
1.1 La teoria del consumatore — 9
1.1.1 La curva di offerta — *10*
1.2 L'elasticità — 12
1.3 Curva d'indifferenza — 14
1.4 Il vincolo di bilancio — 16
1.5 L'ottimo del consumatore — 18
1.6 Effetto reddito ed effetto sostituzione — 19
1.7 Analisi marginalista — 19
1.8 Teoria dell'impresa — 20

II. SCIENZE DELLE FINANZE — 21
2.1 Efficienza Paretiana — 21
2.2 Scatola di Edgeworth — 22
2.3 Produzione — 26
2.4 Condizione di efficienza globale — 27
2.5 I° teorema dell'economia del benessere — 27
2.6 II° teorema dell'economia del benessere — 28
2.7 Problema efficienza paretiana — 29
2.8 Fallimento del mercato — 31
2.9 Surplus del consumatore — 32

III. I BENI PUBBLICI — 34
3.1 Condizione di fornitura efficiente — 35
3.1.1 Calcolo della fornitura efficiente per i beni privati — *35*
3.1.2 Calcolo della fornitura efficiente per i beni pubblici — *36*
3.2 Samuelson — 39
3.3 Free rider — 40

IV. ESTERNALITÁ — 34
4.1 Esternalità negativa — 43
4.2 Correzione dell'esternalità — 45
4.3 Esternalità con tre soggetti — 50
4.4 Esternalità positiva — 56

V. TEORIA DELLE SCELTE COLLETTIVE — 59
5.1 Democrazia diretta — 59
5.2 Teorema dell'elettore mediano — 62
5.3 Logrolling – Lo scambio dei voti — 63
5.4 Teorema di impossibilità di Arrow — 64
5.5 Democrazia rappresentativa — 64
5.6 I funzionari pubblici o burocratici: il teorema di Niskanen — 65
5.7 Gruppi di pressione — 67
5.8 Aumento dell'intervento statale e controllo della spesa pubblica — 67

VI. LA RIDISTRIBUZIONE DEL REDDITO — 69
6.1 Funzione del benessere sociale — 69
6.2 Funzione del benessere sociale utilitarista — 70
6.3 Funzione del benessere Rawsiano – Criterio Max-Min — 70
6.4 Distribuzione ottimale del reddito — 72
6.5 Redistribuzione pareto efficiente — 73
6.6 Approcci individualistici — 73
6.7 Trasferimenti in natura e trasferimenti monetari — 74

VII. IL TRATTATO DI MAASTRICHT E LA POLITICA FISCALE EUROPEA — 77

VIII. LA SPESA SANITARIA — 79
8.1 Selezione avversa — 82
8.2 Azzardo morale — 83

IX. INTERVENTI DI SOSTEGNO IN CASO DI DISOCCUPAZIONE — 85
9.1 Assicurazione contro disoccupazione — 85
9.2 Interventi in caso di disoccupazione in Italia — 87

X. LA SPESA PREVIDENZIALE — 89
10.1 Effetto previdenza sociale sul sistema economico — 89
10.2 Quali sono le scelte del consumatore — 89
10.3 Dimostrazione grafica dell'effetto di sostituzione della ricchezza — 92

XI. TASSAZIONE E DITRIBUZIONE DEL REDDITO — 94
11.1 Imposta progressiva – proporzionale – regressiva — 94
11.2 Indici di progressività — 95
11.3 Sistemi di progressività — 97
11.4 Equilibrio parziale e generale — 98
11.5 Che tipo di imposte conosciamo — 99
11.6 Contribuente di diritto — 100
11.7 Imposta sul salario — 104
11.8 La tassazione del capitale in un'economia globale — 105
11.9 Le imposte nel caso di fattori fissi: capitalizzazione dell'imposta — 109

XII. ECCESSO DI PRESSIONE — 111
12.1 Come si calcola l'eccesso di pressione — 115
12.2 Teoria del second best — 119
12.3 Eccesso di pressione creato da sussidio — 119
12.4 Eccesso di pressione creato dall'imposta sul salario — 122
12.5 Tassazione differenziale degli input — 123

XIII. TASSAZIONE: TRADE OFF TRA EQUITÁ ED EFFICIENZA — 126
13.1 Regola di Ramsey — 126
13.2 Incoerenza temporale delle politiche pubbliche — 129
13.3 Monopolio naturale — 129

13.3.1 Monopolio naturale con imrpese *133*
13.4 Tassazione ottimale e imposta sul reddito 133
13.5 Evasione fiscale 135

XIV. TASSAZIONE DA REDDITO DA CAPITALE 137
14.1 Effetti derivati da tassazione sull'offerta di lavoro 140
14.2 Laffer 141

PREFAZIONE

"Compendio di Scienza delle Finanze" è un volume della collana Studio Smart edita da Portalba Editori, elaborato per tutti coloro che intendono dotarsi di un supporto utile allo studio dell'attività finanziaria pubblica, con l'obiettivo di accelerare la comprensione e la memorizzazione dei principali argomenti.

Il manuale, grazie al suo stile semplice e lineare e al vasto corredo di schede e grafici, è fortemente consigliato come base per la preparazione degli esami universitari e come supporto allo studio della materia quando richiesta nei concorsi pubblici.

Il nostro consiglio è comunque di affiancare e integrare "Compendio di Scienza delle Finanze" con un manuale che tratti la materia secondo un approccio accademico: se il lettore è completamente a digiuno di finanza pubblica, riuscirà a comprendere e padroneggiare più facilmente la materia confrontando i due approcci didattici.

Capitolo I
Richiami di microeconomia

1.1 LA TEORIA DEL CONSUMATORE

La curva di domanda esprime la relazione negativa fra prezzo (P) e quantità (Q), per tale ragione è una curva decrescente. I fattori che influenzano la domanda sono:
- prezzo, inversamente proporzionale rispetto alla quantità quindi se P aumenta Q diminuisce;
- reddito, maggiore è il reddito e maggiore è la domanda.

In economia abbiamo i cosiddetti beni collegati che non sono altro che dei beni che vanno ad influenzare altri beni. I beni collegati possono essere:
- succedanei, ossia l'acquisto dell'uno esclude quello dell'altro, come ad esempio può accadere per il caffè ed il thè: all'aumento del prezzo del caffè l'individuo tenderà ad acquistare più thè,
- complementari, ossia i beni vanno consumati/acquistati insieme, come ad esempio accade per il caffè e lo zucchero: l'aumento del prezzo del caffè comporterà una riduzione della domanda di zucchero.

La preferenza, invece, è il livello di gradimento di un determinato bene.

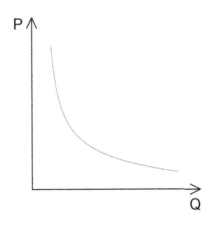

La curva di domanda misura la disponibilità del consumatore a pagare. All'aumentare della quantità il consumatore vorrà pagare sempre meno secondo la **legge dell'utilità marginale decrescente.** Ad esempio se sono in un deserto sarà disposto a pagare di più per il primo bicchiere d'acqua rispetto a quanto sarà disposto a pagare per il secondo o il terzo: questo perché dal primo ricavo più utilità e beneficio. Quindi possiamo anche dire che la curva di domanda misura l'utilità o il beneficio marginale (il beneficio che ricavo da un'unità in più).

Dobbiamo evidenziare anche un altro aspetto importante ossia che lo spostamento <u>lungo</u> la curva di domanda varia il prezzo ma non gli altri fattori mentre lo spostamento <u>della</u> curva di domanda comporterà un prezzo sempre uguale ma varieranno uno degli altri fattori, ad esempio il reddito o le preferenze.

Esempio: thè e caffè (beni succedanei)

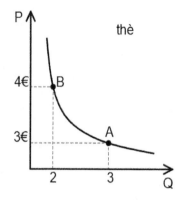 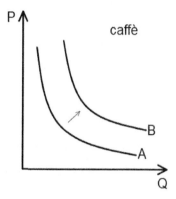

Aumenta il prezzo del thè, il consumatore ne compra di meno (da A a B), quindi ci muoviamo sulla curva perché a variare è il prezzo

All'aumentare del thè il consumatore acquisterà più caffè e non variando il prezzo ma un altro fattore, avremo uno spostamento della curva (da A a B)

Questo avviene perché i beni sono succedanei fra loro

1.1.1 La curva di offerta

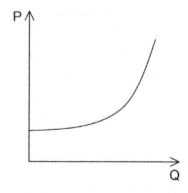

La curva di offerta misura il costo marginale ossia il costo che l'impresa sostiene per produrre un'unità aggiuntiva. Essendo la curva crescente, ogni unità costerà di più e quindi, possiamo dire che la curva esprime una relazione positiva fra prezzo e quantità.
I fattori determinanti dell'offerta sono:
- prezzo: se il prezzo di un bene aumenta, l'impresa aumenterà la quantità prodotta;

- prezzo degli input: gli input sono fattori di produzione che rappresentano dei costi per l'impresa (capitale e lavoro). Se c'è un aumento degli input, il produttore difficilmente alzerà i prezzi perché ciò comporterebbe l'abbassarsi della domanda, quindi diminuirà la quantità prodotta;

- condizione di produzione: le condizioni di produzione sono ad esempio le condizioni climatiche (sono una condizione solo dell'offerta).

Anche per la curva dell'offerta vige lo stesso discorso fatto in precedenza per la curva della domanda. Infatti mi sposto lungo la curva dell'offerta al variare del prezzo ma non degli altri fattori, invece sposto la curva dell'offerta quando non varia il prezzo ma uno degli altri fattori.

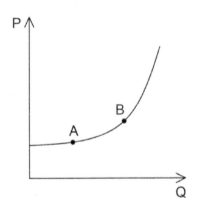

Variazione del prezzo da **A** a **B**

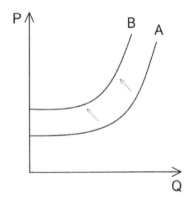

Variazione altro fattore e quindi spostamento della curva da **A** a **B**

Come si calcola l'equilibrio?

L'equilibrio si ha quando la quantità domandata eguaglia la quantità offerta (ε). Al produttore non conviene andare oltre il punto **Qε** perché il consumatore non sarà disposto a spendere di più.

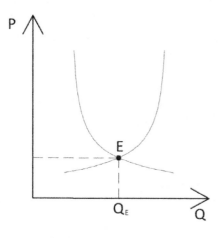

MB: beneficio marginale
CMG: costo marginale

$\varepsilon = MB = CMG$

Cosa accade se il mercato non è in equilibrio?
Se il prezzo è alto il produttore sarà portato a produrre di più quel determinato bene, ma inversamente il consumatore ne acquisterà una quantità minore, quindi si arriverà ad un eccesso dell'offerta. Per equilibrare la situazione, il prezzo si abbasserà fino a raggiungere l'equilibrio. Se invece il prezzo è basso, la quantità richiesta aumenterà e ci troveremo in un eccesso della domanda, fino a quando le industrie non aumenteranno i prezzi così da raggiungere il punto di equilibrio (ε)

1.2 L'ELASTICITÁ

L'elasticità di una curva misura la sensibilità della quantità domandata al variare del prezzo

$$\varepsilon = \dfrac{\dfrac{\Delta Q}{Q}}{\dfrac{\Delta P}{P}}$$

$\dfrac{\Delta Q}{Q} \rightarrow$ Variazione percentuale della quantità domandata

$\dfrac{\Delta P}{P} \rightarrow$ Variazione percentuale del prezzo

ε: inclinazione della domanda che moltiplica $\dfrac{\Delta Q}{\Delta P}$

Quindi l'elasticità è il rapporto fra la variazione percentuale della quantità domandata e del prezzo, questo rapporto è sempre negativo: se aumenta **P**, **Q** diminuisce; se **P** diminuisce, **Q** aumenta.

Gli economisti ragionano in termini di valore assoluto $|\varepsilon|$ considerando quindi valori da 0 a $+\infty$. Maggiore è il valore, maggiore è l'elasticità.

| ε | > 1   Numeratore maggiore del denominatore: $\Delta Q > \Delta P$ e rappresenta la domanda elastica. Ad esempio i beni succedanei sono molto suscettibili al variare del prezzo.

| ε | < 1   Numeratore minore del denominatore: $\Delta Q < \Delta P$ rappresenta la domanda anelastica. I beni primari sono poco suscettibili al variare del prezzo

$$|\varepsilon| = \frac{\frac{\Delta Q}{Q}}{\frac{\Delta P}{P}} \rightarrow \frac{\Delta Q}{Q} \cdot \frac{P}{\Delta P} \rightarrow \frac{\Delta Q}{\Delta P} \cdot \frac{P}{Q}$$

$\frac{\Delta Q}{\Delta P}$: coefficiente angolare o inclinazione della curva di domanda

Graficamente la curva elastica sarà rappresentata orizzontalmente, mentre la curva anelastica sarà rappresentata verticalmente.

Come si fa a capire quale curva è più o meno elastica?

$$|\varepsilon| = 1 \rightarrow \frac{\Delta Q}{\Delta P} = \frac{\Delta P}{P}$$

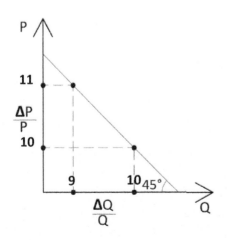

L'angolo della curva deve essere di 45°.

Esempio:
Inizialmente il prezzo è 10,00€ e la quantità prodotta è di 10 unità. Aumentando il prezzo del 10% il prezzo salirà a 11,00€ e la quantità diminuirà da 10 a 9 unità.

$$|\varepsilon|>1 \rightarrow \frac{\Delta Q}{\Delta P} > \frac{\Delta P}{P}$$

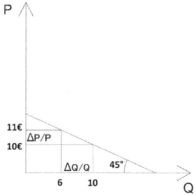

L'angolo è <45°

Esempio
Il prezzo iniziale è 10,00€, il consumatore compra 10 unità, il prezzo aumenta ad 11,00€, la quantità diminuisce di più di un'unità perché sono beni molto suscettibili al variare del prezzo.

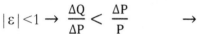

$$|\varepsilon|<1 \rightarrow \frac{\Delta Q}{\Delta P} < \frac{\Delta P}{P} \rightarrow$$

L'angolo è superiore a 45°

In questo caso la domanda è più rigida quindi al variare del 10% del prezzo corrisponderà una variazione della quantità inferiore del 10%.

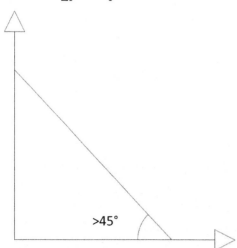

1.3 CURVA D'INDIFFERENZA

La curva d'indifferenza rappresenta le preferenze di un consumatore, considerandolo un individuo razionale. Individuiamo i panieri lungo una curva decrescente: i panieri sono un insieme di beni x ed y le cui quantità lasciano indifferente il consumatore (**A:B:C**).

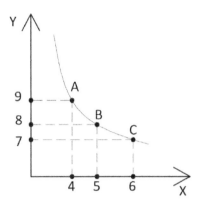

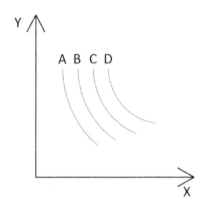

Il consumatore starà meglio su una curva d'indifferenza più lontana dall'origine perché è maggiore l'insieme dei beni che può acquistare

La curva d'indifferenza serve quindi ad ordinare le preferenze dell'individuo e la sua inclinazione misura il **Saggio Marginale di Sostituzione (MRS o SMS)**. L'MRS ci dice qual è la quantità di un bene a cui il consumatore è disposto a rinunciare per poter consumare una quantità maggiore dell'altro bene senza variare il suo benessere.

$$MRS = \frac{\Delta y}{\Delta x}$$

Δy: quantità di y

Δx: quantità di x

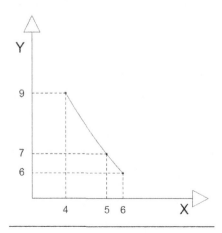

1.4 IL VINCOLO DI BILANCIO

È il vincolo economico che limita le scelte di un individuo, ossia le combinazioni di x ed y che può consumare considerando il reddito a disposizione ed i prezzi. In questo caso vige il **principio di sazietà** ossia l'individuo più consuma e più aumenta la sua utilità, quindi sarà disposto a spendere tutto il suo reddito.

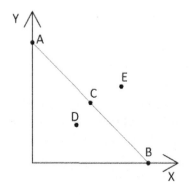

Nel punto **A** (intercetta verticale) l'individuo spende tutto per il bene y; nel punto **B** (intercetta orizzontale) l'individuo spende tutto per il bene x. Il vincolo di bilancio è rappresentato dalla retta che unisce il punto **A** ed il punto **B** e tutti i suoi punti rappresentano panieri per i quali spendo tutto il reddito:

$$R = P_x \cdot x + P_y \cdot y$$

Questa equazione ci dice quanto voglio spendere per il bene x più di quanto voglio spendere per il bene y. A sinistra della retta del vincolo (punto **D**) l'individuo spende meno del reddito a sua disposizione, a destra della retta del vincolo (punto **E**) l'individuo spende più del suo reddito a disposizione. Per massimizzare l'utilità, quindi, l'individuo spenderà tutto il suo reddito, quindi utilizzerà una della combinazioni che scaturiscono dai punti sulla retta.

Poniamo ad esempio che il nostro budget sia di 100,00€: tenendo in considerazione il grafico, i punti rappresenteranno questi valori:

- A= x 0€ + y 100,00€;
- B= x 100,00€ + y 0€;
- C= x 50,00€ + y 50,00€:

Di seguito vi riportiamo tutti i passaggi dell'equazione di una retta:

$$R = P_x \cdot x + P_y \cdot y$$

$$-P_y \cdot y = -R + P_x \cdot x$$

$$P_y \cdot y = R - P_x \cdot x$$

$$\frac{P_y \cdot y}{P_y} = \frac{R - P_x \cdot x}{P_y} \rightarrow \frac{\cancel{P_y} \cdot y}{\cancel{P_y}} = \frac{R - P_x \cdot x}{P_y}$$

$$y = \frac{R}{P_y} - \frac{P_x \cdot x}{P_y}$$

$$y = \frac{R}{P_y} - \frac{P_x}{P_y} \cdot x$$

$\frac{R}{P_y}$: intercetta verticale

$\frac{P_x}{P_y}$: coefficiente angolare o inclinazione

Cosa misura l'inclinazione del vincolo di bilancio?

Il rapporto tra i prezzi dei due beni. Il vincolo di bilancio misura la quantità del bene y a cui devo rinunciare per un'unità n più del bene x.

Cosa succede se varia il reddito a parità di prezzo?

$$R = 100 \rightarrow R = 150$$

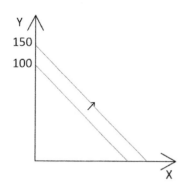

Si avrà uno spostamento parallelo del vincolo verso destra mentre il coefficiente angolare non varierà (la retta avrà sempre la stessa inclinazione) perché non variano i prezzi.

Cosa succede se a variare è il prezzo di un solo bene?

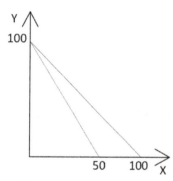

In questo caso il vincolo di bilancio ruota intorno all'asse dove il prezzo del bene non è variato (può ruotare verso l'interno o verso l'esterno).

1.5 L'OTTIMO DEL CONSUMATORE

Qual è il paniere che massimizza l'utilità del consumatore?
Il paniere deve trovarsi sulla retta del vincolo di bilancio in un punto tangente con la curva d'indifferenza più lontana dall'origine.

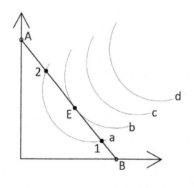

Graficamente è semplice da rappresentare. Disegno il vincolo di bilancio (retta **AB**); poi disegno una mappa di curve d'indifferenza. Quelle esterne al vincolo (le curve **c;d**) sono da escludere perché sono oltre il mio reddito; la curva **a** interseca il vincolo nei punti **1** e **2** e non va bene perché se si intersecano significa che non hanno stesso coefficiente; la curva **b** è tangente con il vincolo nel punto **E** quindi hanno stessa inclinazione. Nel punto **E** abbiamo l'ottimo del consumatore dove il rapporto tra i prezzi è uguale a MRS.

1.6 EFFETTO REDDITO ED EFFETTO SOSTITUZIONE

Quando aumenta il prezzo di un bene si verificano due effetti:
1. effetto sostituzione: aumenta il prezzo del bene x quindi acquisto più bene y;
2. effetto reddito: è il potere d'acquisto, più caro è il prezzo del bene e più il mio potere di acquisto diminuisce. Questo comporterà la riduzione del consumo dei beni nella stessa proporzione.

L'effetto reddito non è distorsivo, l'effetto sostituzione è distorsivo.

1.7 ANALISI MARGINALISTA

L'analisi marginalista serve a valutare se ad un individuo conviene acquistare un bene ovvero se ad un'impresa conviene produrre un bene. In quest'analisi si ragiona per singole unità.

Il consumatore terrà in considerazione:

- **BMG=Beneficio Marginale:** utilità che l'individuo trae dal consumo di una singola unità addizionale;
- **CMG=Costo Marginale:** costo derivante dalla produzione di un'unità in più.

Per capire se ad un individuo conviene avere un'unità addizionale del bene, dovrà valutare sia l'utilità che ne trae sia il prezzo dell'unità addizionale: quando l'utilità e il beneficio per l'unità addizionale supera il sacrificio, l'individuo acquisterà.

Esempio:
- Prezzo 10,00€ < 30 Beneficio → acquista
- Prezzo 10,00€ < 25 Beneficio → acquista
- Prezzo 10,00€ = 10 Beneficio → indifferente
- Prezzo 10,00€ > 8 Beneficio → non acquista

Il produttore, invece, considererà il:
- **RMG=Ricavo Marginale:** è il ricavo scaturente dalla vendita di un'unità addizionale;
- **CMG=Costo Marginale:** è il costo che l'impresa sostiene per produrre un'unità addizionale.

Esempio:
- RMG 20 > 15 CMG → produce
- RMG 20 > 18 CMG → produce
- RMG 20 = 20 CMG → indifferente
- RMG 20 < 25 CMG → non produce

L'impresa produrrà fin quando RMG=CMG perché in questo caso si massimizza il profitto. In concorrenza perfetta, visto che il prezzo è sempre dato, possiamo dire che P=RMG e quindi che l'impresa massimizza il profitto quando P=CMG

1.8 TEORIA DELL'IMPRESA

Come si calcola il profitto di un'impresa?

$$\pi = RT - CT$$

π: profitto
RT: ricavi totali o fatturato
CT: costi totali

$$RT = P \cdot Q; CT = CM \cdot Q$$

CM: costo medio di ogni unità $CM = \frac{CT}{Q}$

In concorrenza perfetta **P** è indipendente da **Q** poiché l'impresa è Price Taker ossia è talmente piccola rispetto al mercato da non poterne alterare il prezzo. In monopolio, invece, **P** dipende da **Q** in quanto l'impresa è Price Maker poiché detiene un'elevata fetta di mercato.

I rendimenti possono essere crescenti, decrescenti e costanti:
- crescenti: quando al raddoppiare degli input, gli output sono più che doppi; il costo medio (CM) è decrescente il che significa che più produco meno costi ho da affrontare;
- decrescenti: quando al raddoppiare degli input, gli output sono meno del doppio. Il costo medio è crescente;
- costanti: quando il raddoppio degli input comportano il raddoppio degli output. Il costo medio è costante.

Capitolo II
Scienze delle Finanze

2.1 EFFICIENZA PARETIANA

Un'allocazione di risorse è efficiente, dal punto di vista paretiano, se non è possibile migliorare la posizione di un individuo (ossia il suo benessere) senza peggiorare la posizione di un altro individuo. Ad esempio in una classe non ci sono abbastanza sedie e quindi per far sedere Claudia, Luca si alza: Claudia starà meglio ma Luca starà peggio.

Siamo in presenza di un ottimo paretiano quando non vi è spreco di risorse, ossia tutte le risorse disponibili vengono utilizzate. Quando c'è uno spreco di risorse abbiamo una situazione inefficiente, per raggiungere l'efficienza agirò attraverso dei miglioramenti paretiani ossia migliorerò il beneficio di un individuo senza peggiorare l'altro individuo o addirittura riuscendo a dare maggiore beneficio ad entrambi.

Esistono tre tipi di miglioramenti paretiani:

- $U_A \uparrow \Delta U_E = 0$: significa che il miglioramento di Adamo non comporta il peggioramento di Eva;
- $U_E \uparrow \Delta U_A = 0$: significa che il miglioramento di Eva non comporta il peggioramento di Adamo;
- $U_A \uparrow U_E \uparrow$: significa che c'è un miglioramento di entrambi

Raggiungiamo l'efficienza paretiana quando utilizzo tutte le risorse e quindi per continuare a distribuire risorse dovrei sottrarle ad un individuo e darle ad un altro. A Pareto interessa solo che un individuo sita meglio ed un altro stia peggio, non interessa di quanto sia il miglioramento o il peggioramento.

È interessante porci quindi una domanda, ossia qual è la condizione di efficienza nello scambio?

La condizione di efficienza si verifica quando i due individui (Adamo ed Eva) hanno stessi MRS. Ad esempio Claudia è disposta a cedere una gonna per avere un pantalone, Francesca è disposta a cedere un pantalone per avere una gonna: essendoci uno scambio equilibrato, si spostano lungo la stessa curva d'indifferenza.

$$MRS_{xy} = \frac{1}{1}$$

x: Claudia
y: Francesca

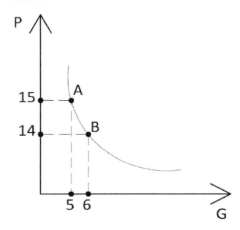
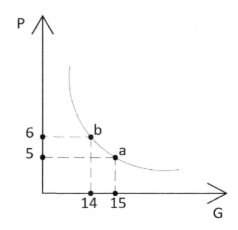

A – a: condizione iniziale

B – b: Claudia e Francesca si muovono sulla stessa curva cedendo un'unità ciascuno per un'unità in più di un altro bene. Le curve d'indifferenza sono tangenti

Mentre se avessero MRS differenti potrebbero mettersi d'accordo effettuando degli scambi.

Ricapitolando: stessi MRS=Efficienza Paretiana.

2.2 SCATOLA DI EDGEWORTH

La scatola di Edgeworth serve a stabilire le condizioni di efficienza nello scambio.

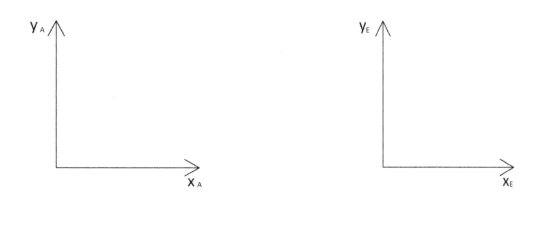

A: Adamo **x; y:** beni **E:** Eva

Capovolgendo il grafico di Eva e sovrapponendolo a quello di Adamo avremo una scatola

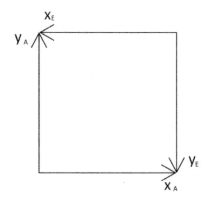

Come farò a stabilire la grandezza della scatola?
Devo considerare la quantità di x ed y.

Esempio

$X_A + X_E = 30$ l'asse x, ossia il bene x, di Adamo e di Eva potrà essere al massimo 30

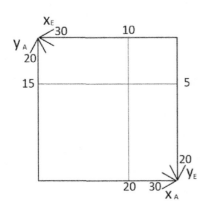

Ya + Ye = 20

Se Adamo ha 15 y, tracciando una retta avremo che Eva ha 5 y. Se Adamo ha 20 x, Eva ne avrà 10 x.

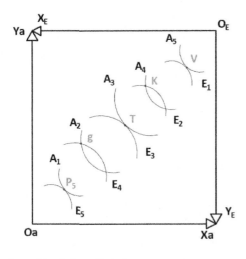

Se disegniamo le curve d'indifferenza di Adamo e di Eva, vedremo che queste andranno in direzioni opposte perché le origini di Adamo e di Eva sono l'una l'opposto dell'altra poiché il grafico di Eva è capovolto. Possiamo vedere che Adamo starà meglio più lontano dalla sua origine e più vicino all'origine di Eva, mentre per Eva il discorso sarà inverso ossia starà meglio più lontano dalla sua origine e più vicina all'origine di Adamo.

P5; T; V: c'è efficienza paritiana, quindi abbiamo raggiunto la stessa inclinazione, MRS sono gli stessi e le curve sono tangenti.

g; K: c'è indifferenza quindi MRS differenti e le curve non sono tangenti bensì si intersecano.

Esempio

Parto dal punto "g" ed applico i tre tipi di miglioramenti paretiani
1. $U_A \uparrow \Delta U_E$: applicando il primo tipo di miglioramento paretiano, Adamo deve spostare la propria curva d'indifferenza mentre Eva rimarrà lungo la sua curva d'indifferenza.

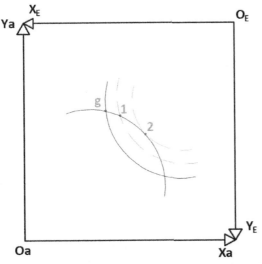

Dal punto "g" passo al punto "1", quindi notiamo che per Eva è indifferente mentre Adamo ha una nuova curva d'indifferenza: nonostante ciò l'efficienza non è stata ancora raggiunta perché le curve sono ancora intersecate. Gli individui faranno ulteriori scambi fino a raggiungere il punto "2" dove Eva continuerà ad essere indifferente mentre Adamo avrà una nuova curva d'indifferenza, ancor più lontana dall'origine. In questo caso le curve sono tangenti e questo significa che c'è efficienza perché Adamo sta meglio e la condizione di Eva non è peggiorata: c'è stessa inclinazione e quindi stesso MRS.

2. $U_E \uparrow \Delta U_A$: varrà lo stesso discorso fatto nel primo esempio ma in questo caso applicato ad Eva
3. $U_A \uparrow U_E \uparrow$:

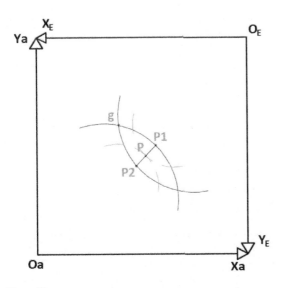

In questo caso entrambi si allontanano dalla propria origine e formeranno una nuova curva d'indifferenza fino ad intersecarsi nel punto **P**. Il punto **P** non deve essere per forza al centro fra Adamo ed Eva, potrà esserci anche un vantaggio superiore di uno dei due.
Considerando **P₁** beneficio per Adamo ed indifferente per Eva, **P₂** beneficio per Eva ed indifferente per Adamo, il segmento che unisce **P₁** e **P₂** comporta tante curve tangenti

Se uniamo tutte le allocazioni efficienti avremo la **curva di contratto**

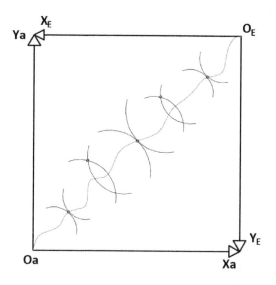

Qualsia punto al di sopra della curva di contratto significherà $MRS_A > MRS_E$, mentre tutti i punti al disotto significherà $MRS_A < MRS_E$. Lungo la curva, invece, avremo $MRS_A = MRS_E$.

2.3 PRODUZIONE

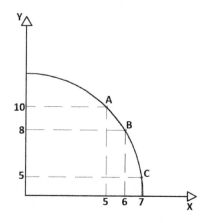

Per produrre i beni x ed y utilizzerò gli input ossia il capitale ed il lavoro. Nel grafico, quindi, si procede disegnando la **frontiera di produzione** ossia una curva concava verso il basso che rappresenta le combinazioni di x ed y efficienti dati gli input e la tecnologia a disposizione. Lungo tale curva le combinazioni sono efficienti e comportano l'utilizzo di tutti gli input, ciò significa che per aumentare y dovrò prendere qualcosa da x e viceversa.

Esempio
- da **A** a **B**: 1 unità in più di x comporta 2 unità in meno di y;
- da **B** a **C**: 1 unità in più di x comporta 3 unità in meno di y.

Ciò avviene perché si applica la **legge della produttività marginale degli input decrescente** ossia l'impiego di un input addizionale darà luogo ad un livello di produzione sempre più decrescente.

Cosa misura l'inclinazione della frontiera?

Il Saggio Marginale di Trasformazione ossia la quantità di y a cui devo rinunciare a produrre per poter produrre un'unità in più di x.

$$\text{MRT}_{xy} = \frac{\Delta x}{\Delta y} \quad \text{oppure} \quad \frac{CMGx}{CMGy} \text{ ossia il rapporto fra costi marginali}$$

2.4 CONDIZIONE DI EFFICIENZA GLOBALE

In un contesto globale si ha efficienza quando tutte le imprese hanno lo stesso MRS, quindi $\text{MRS}_A = \text{MRS}_E = \text{MRT}$ cioè devono essere soddisfatti sia lo scambio si il Saggio Marginale di Trasformazione.

2.5 I° TEOREMA DELL'ECONOMIA DEL BENESSERE

L'equilibrio concorrenziale è efficiente dal punto di vista paretiano.
In un mercato si hanno i consumatori ed i produttori e si raggiunge l'equilibrio quando

$$P = CMG = CM$$

Se ipotizziamo che tutti i consumatori e tutti i produttori agiscono da concorrenti perfetti, ovvero nessuno di loro ha potere di mercato, e se esiste un mercato per tutti i beni, il primo teorema dell'economia del benessere dice che le risorse vengono allocate in maniera pareto efficiente senza alcun intervento esterno.
Per far star meglio i produttori si dovranno alzare i prezzi e di conseguenze i consumatori si troveranno in una condizione peggiore; per far star meglio i consumatori dovrò, invece, abbassare i prezzi.

Dimostrazione analitica

$$\text{MRS}_{xy}^A = \frac{Px}{Py}$$

Vincolo di bilancio tangente alla curva d'indifferenza di Adamo. Condizione di massimizzazione dell'utilità di Adamo.

$$\text{MRS}_{xy}^E = \frac{Px}{Py}$$

Vincolo di bilancio tangente alla curva d'indifferenza di Eva. Condizione di massimizzazione dell'utilità di Eva.

In concorrenza perfetta le imprese sono PRICE-TAKER ossia il mercato è troppo grande per influenzare il prezzo. Quest'ultimo, quindi, sarà dato e per cui avremo

$$MRS_{xy}^A = MRS_{xy}^E$$

Quindi

$$P_x = CMG_x \text{ e } P_y = CMG_y \quad \text{Condizione di massimizzazione del profitto } (\pi) \text{ in concorrenza perfetta (P=costo)}$$

$$\frac{P_x}{P_y} = \frac{CMG_x}{CMG_y}$$

$$\downarrow$$

$$\frac{CMG_x}{CMG_y} = MRT_{xy} \quad \textbf{MRT}_{xy}: \text{Saggio Marginale di Trasformazione}$$

Quindi otteniamo la condizione di efficienza

$$MRS_{xy}^A = MRS_{xy}^E = \frac{P_x}{P_y} = \frac{CMG_x}{CMG_y} = MRT_{xy}$$

2.6 II° TEOREMA DELL'ECONOMIA DEL BENESSERE

La collettività può raggiungere qualsiasi allocazione efficiente nel senso paretiano mediante la forza commerciale (scambi) a condizione che:
- gli agenti siano lasciati liberi di contrattare, proprio come se fossero in una scatola di Edgeworth, quindi senza interventi dello Stato;
- che l'allocazione delle risorse sia quella preferibile realizzata attraverso trasferimenti in somma fissa o LUMP-SUM (l'allocazione è socialmente desiderabile, equa). Lo Stato deve intervenire solo quando l'allocazione, pur essendo efficiente, non è socialmente desiderabile, utilizzando strumenti non distorsivi in somma fissa (LUMP-SUM). Lo Stato deve ridistribuire le risorse agli individui. Se lo Stato ridistribuisce equamente il reddito, o quanto meno nella maniera che ritiene preferibile utilizzando strumenti non distorsivi come imposte e sussidi e lascia operare il mercato concorrenziale, le allocazioni raggiunte autonomamente dalla collettività si troveranno sulla curva delle utilità possibile e sono eque.

Per dimostrarlo si disegna la scatola di Edgeworth, nel punto **g** c'è efficienza ed è anche desiderabile socialmente, se partiamo da **K** invece non è equo e non si raggiunge un punto socialmente desiderabile (troppo vicini all'origine di Eva), quindi lo Stato interverrà con strumenti personalizzati (LUMP-SUM) e ridistribuirà le risorse tra Adamo ed Eva.

2.7 PROBLEMA EFFICIENZA PARETIANA

Un'allocazione seppur efficiente potrebbe non essere equa, quindi non tenere in considerazione l'equità: a garantire l'allocazione efficiente ci pensa il mercato, a garantire l'equità, invece, ci penso lo Stato.

Quindi il criterio di efficienza paretiana non è sufficiente a determinare un ordinamento di allocazioni alternative delle risorse.

Sono richiesti espliciti giudizi di valore sull'equità della distribuzione delle utilità che sono espressi dalla **funzione del benessere sociale** che, quindi, serve a capire le preferenze di una collettività.

$$W = F(U_A; U_E)$$

W: benessere della collettività

F: funzione dell'utilità di Adamo e di Eva

La frontiera del benessere misura la combinazione delle utilità dei due individui e quindi il benessere della collettività. Indica per ogni livello di utilità di Adamo, il livello massimo di utilità di Eva e viceversa. Tutti i punti sulla frontiera sono efficienti, per cui la frontiera viene costruita riportando la curva dei contratti ottenuta con la scatola di Edgeworth, su un normale piano cartesiano.

Si ha la massimizzazione del benessere della collettività quando l'allocazione è sia equa che efficiente.

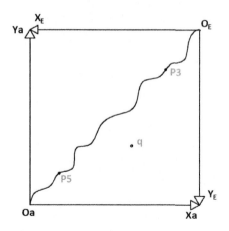

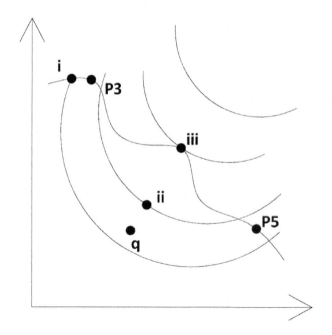

UU: frontiera del benessere
q: non è efficiente ma equo
i: efficiente ma non equo
ii: inefficiente ma equo
iii: efficiente ed equo

L'allocazione che massimizza il benessere sociale è sia efficiente che equa, quindi graficamente è rappresentata dal punto **iii**

La scatola di Edgeworth non ci dice il livello di utilità delle risorse di Adamo e di Eva, per fare ciò serve la curva delle possibili utilità, ossia prendo la curva dei contratti del grafico n.1 e la disegno nel grafico n. 2. Quest'ultimo grafico avrà come ordinata l'utilità di Adamo e come ascissa l'utilità di Eva; **q** è inefficiente e quindi è dentro la frontiera (le risorse non sono state tutte utilizzate). Per stabilire l'utilità dobbiamo disegnare una mappa di curve d'indifferenza sociali, quella tangente con la curva di contratto rappresenterà l'allocazione di massimizzazione del benessere complessivo.

Se parto dal punto **i** come raggiungo il punto **iii**?

Lo Stato utilizza strumenti di LUMP-SUM che migliorano l'equità senza sacrificare l'efficienza. Se, invece, lo Stato utilizza strumenti distorsivi, dal punto **i** passerò al punto **ii**, ossia raggiungo un punto di equità ma non di efficienza.

2.8 FALLIMENTO DEL MERCATO

Il mercato non dà luogo ad un'allocazione socialmente efficiente, quando avviene ciò gli economisti prendono in considerazione le
cause del possibile fallimento, ossia:
- POTERE DI MERCATO: il primo teorema è valido solo se le imprese sono PRICE-TAKER ossia solo se P=CMG. Chi detiene il mercato fisserà un prezzo maggiore del CMG offrendo una quantità minore di quella della concorrenza. Ciò è possibile in caso di monopolio o oligopolio;
- ASSENZA DI MERCATI: il teorema è valido solo se esiste un mercato per ogni singolo bene e non è sempre così.

Le cause principali sono:
- INFORMAZIONE ASIMMETRICA: una delle parti ha informazioni sconosciute all'altra parte;
- ESTERNALITÀ: è una situazione in cui il comportamento di un individuo influisce sul benessere di un altro senza influenzare i prezzi del mercato, ad esempio chi fuma consuma aria pulita e dato che non esiste un mercato sull'aria pulita nessuno lo paga e ne fa un uso indiscriminato;
- BENI PUBBLICI: sono beni non rivali e non escludibili;
- BENI MERITORI: beni che lo Stato deve fornire indipendentemente dalla richiesta, ossia sono beni fondamentali come sussidi, borse di studio ecc.

2.9 SURPLUS DEL CONSUMATORE

Il surplus del consumatore serve a stabilire la differenza fra quanto l'individuo è disposto a pagare e quanto deve pagare. Per esempio Adamo è disposto a pagare 100,00€ per un pantalone, il pantalone costa 70,00€, il surplus è di 30,00€.

La disponibilità a pagare dipende dall'individuo, quanto deve pagare dipende dal mercato.

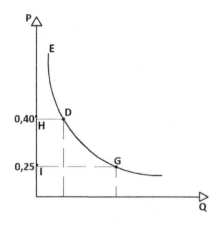

Rappresentiamo la curva di domanda perché rappresenta quanto l'individuo è disposto a pagare. Il surplus si trova al di sotto della curva di domanda ma al di sopra della linea dei prezzi (triangolo **EHD**).
Cosa succede se il prezzo si abbassa? Ad esempio se passa da 0,40€ a 0,25€? Semplicemente il surplus varierà e sarà rappresentato dal triangolo **EIG**.
Di quanto è aumentato il surplus?
Del trapezio rappresentato dai punti **HDGI** che rappresenta l'incremento del surplus del consumatore.

Esistono due mercati, beni e lavoro: in quello dei beni la domanda è fatta dal consumatore, in quello del lavoro la domanda è fatta dal datore/impresa, quindi mi trovo il surplus del datore/impresa.

Nel mercato dei beni quindi abbiamo l'offerta del produttore. Nel mercato del lavoro, invece, abbiamo l'offerta del lavoratore.

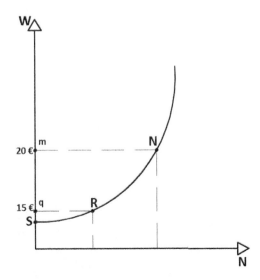

W: salario orario
N: orario di lavoro

Per prima cosa disegno la curva d'offerta del lavoratore. Il surplus del lavoratore è l'area che si trova al di sopra dell'offerta ma al di sotto della linea dei salari (area **mNS**). Scendendo da 20,00€ a 15,00€ il surplus varierà e sarà rappresentato dai punti **qRS**. Di quanto si riduce il surplus del lavoratore? Il decremento è rappresentato dall'area delimitata dai punti **mNqR**.

Capitolo III
I beni pubblici

Il bene pubblico puro non ha rivalità nel consumo e non è escludibile. Esempi di beni pubblici puri sono la difesa nazionale, il faro, l'illuminazione pubblica.

Un bene non è rivale quando può essere utilizzato contemporaneamente da due o più persone; non è escludibile quando nessuno può evitarmi di utilizzarlo, nessuno può essere escluso.

La caratteristica di tali beni è che il CMG è nullo, ossia fornire il servizio ad un individuo in più non ha costi aggiuntivi.

Per quanto riguarda il beni privati puri, invece, sono rivali ed escludibili. Sono rivali perché possono essere consumati solo da un individuo alla volta; sono escludibili perché per consumarli devo pagare, quindi è il prezzo che esclude (ad esempio le tasse). Il CMG di tali beni è positivo.

Esistono poi i cosiddetti beni intermedi ossia quei beni non del tutto escludibili e non del tutto rivali, quindi beni con le caratteristiche dei beni pubblici puri e dei beni privati puri.

La non escludibilità può essere tecnica ed economica: tecnica poiché tecnicamente è impossibile escludere tale bene; economica poiché l'esclusione potrebbe avvenire ma comporterebbe troppe spese, quindi i costi sarebbero troppo alti.

	ESCLUDIBILI	NON ESCLUDIBILI
RIVALI	Beni privati: cibo, vestiti, automobili	Beni comuni: pesce, legno, carbone
NON RIVALI	Beni di club: cinema, parcheggi privati (sono rivali fin quando non raggiungono la capienza massima. Ad esempio tutti possono andare al cinema fin quando la sala non è piena.	Beni pubblici: televisione, aria, difesa nazionale.

3.1 CONDIZIONE DI FORNITURA EFFICIENTE

I beni privati sono rivali ed escludibili, tra un individuo e l'altro non varia il prezzo ma la quantità che dipende dalla disponibilità a pagare.

I beni pubblici non sono né escludibili né rivali, non varia la quantità fra un individuo ed un altro ma il prezzo imposta, ossia il prezzo/contributo ossia la quota che l'individuo dovrà versare.

La curva di domanda rappresenterà il beneficio-utilità marginale. La curva servirà a stabilire quanto l'individuo è disposto a contribuire con la propria quota, in parole povere maggiore sarà il beneficio e maggiore l'individuo sarà disposto a pagare.

3.1.1 Calcolo della fornitura efficiente per i beni privati

Come si determina la fornitura efficiente?

Per raggiungere la fornitura efficiente nei beni privati si deve raggiungere l'equilibrio tra la domanda e l'offerta aggregata, ossia insieme di consumatori e imprese.

Il problema è calcolare la domanda aggregata poiché l'offerta è data dal prodotto: la domanda aggregata si ottiene dalla somma delle singole domande, sapendo che nei beni privati a variare è la quantità, in economia si somma ciò che è diverso e quindi sommeremo la quantità e la curva sarà orizzontale.

Dimostrazione analitica

- in equilibrio $MRS_A = \frac{P_x}{P_y}$;
- dato che contano solo i prezzi relativi, fissiamo $P_y = 1$;
- quindi lungo la curva di domanda vale la condizione $MRS_A = P_x$ e $MRS_E = P_x$;
- dato che i prezzi, e quindi la disponibilità a pagare, si sommano, avremo $MRS_A + MRS_E$;
- quando la domanda eguaglia l'offerta si ha $MRS_A + MRS_E = MRT$ ossia $BMG_A + BMG_E = CMG$.

Lungo la curva di domanda leggiamo che $MRS_{Axy} = MRS_{Exy}$; lungo la curva d'offerta leggiamo il CMG; essendo

$$MRS_{Axy} = MRS_{Exy} = P_x = CMG_x = MRT$$

Possiamo affermare che nel punto di equilibrio leggiamo MRT

Dimostrazione grafica

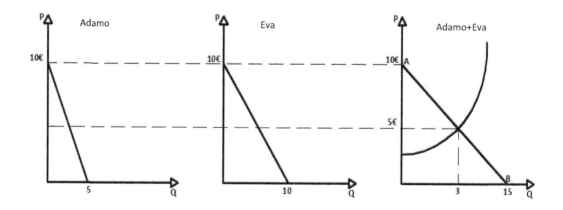

Adamo ed Eva devono avere stessa intercetta verticale, quindi dobbiamo supporre che se Adamo è disposto a pagare 10,00€, anche Eva sarà disposta a pagare la stessa cifra. Per la domanda aggregata teniamo in considerazione i valori differenti ossia la quantità 5+10=15. La retta AB indica la domanda aggregata. Per ottenere l'offerta aggregata disegniamo una curva d'offerta a caso nel grafico di Adamo+Eva; nel punto in cui la curva d'offerta si incrocia con la domanda aggregata (retta AB), si avrà il prezzo d'equilibrio (5,00€). Per vedere quanto sono disposti a pagare Adamo ed Eva al prezzo di equilibrio, basterà prolungare la retta tratteggiata (5,00€) sui singoli grafici.

3.1.2 Calcolo della fornitura efficiente per i beni pubblici

La quantità ottimale per i beni pubblici si ottiene dall'incontro tra la domanda aggregata e l'offerta aggregata dei beni pubblici. La domanda aggregata si ottiene sommando verticalmente le domande individuali in quanto la quantità è uguale per tutti, mentre i prezzi (MRS) sono diversi (gli individui hanno diversa disponibilità a pagare).

Dimostrazione analitica

- si parte sempre dalla condizione che massimizza l'utilità di Adamo e di Eva e quindi $MRS_{Axy} = \frac{Px}{Py}$ e $MRS_{Exy} = \frac{Px}{Py}$;

- dato che contano solo i prezzi relativi, possiamo fissare $P_y = 1$ e considerare $MRS_{Axy} = P_x$ e $MRS_{Exy} = P_x$;
- per i beni pubblici a variare sono i prezzi, quindi sommiamo i prezzi $MRS_{Axy} + MRS_{Exy} = P_{Ax} + P_{Ex}$;
- lungo la curva di domanda leggeremo $MRS_A + MRS_E$, mentre lungo la curva d'offerta leggeremo l'MRT, quindi l'incrocio fra le due curve ci mostrerà che $MRS_A + MRS_E = MRT$ ossia $BMG_A + BMG_E = CMG$.

Per fornire la quantità efficiente di un bene pubblico è necessario che la somma della disponibilità dei cittadini a pagare per un'ulteriore unità sia uguale al suo costo marginale. Solo in questo caso avremo la condizione di efficienza.

Dimostrazione grafica

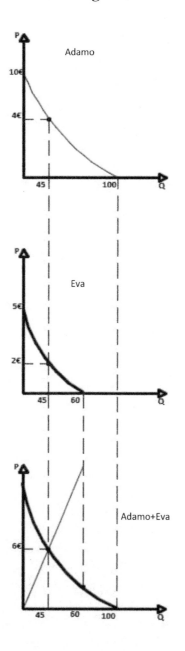

L'intercetta verticale di Adamo presupponiamo essere più alta di quella di Eva (non ha importanza, la si può disegnare come si vuole), quelle orizzontali per forza essere differenti.

Nell'ultimo grafico, ossia quello di Adamo+Eva, il prezzo sarà dato da 10,00€+5,00€=15,00€.

Dobbiamo individuare la quantità comune ad entrambi, ossia 60 perché entrambi a 60 sono disposti ad acquistare. Ma facciamo attenzione: la curva non dovrà toccare l'ascissa perché se toccasse vorrebbe dire che nessuno acquisterebbe oltre 60; invece, come vediamo nel primo grafico, Adamo è disposto ad arrivare fino a 100, per questo avremo la cosiddetta spezzata.

Il passo successivo è disegnare la curva dell'offerta; il punto di incontro con la domanda indica la quantità di equilibrio. Proiettando fino all'asse delle ascisse tale punto segneremo la quantità di 45 unità. Proiettando sulle ordinate avremo che il prezzo è di 6,00€. Proiettiamo la quantità ottenuta sugli altri grafici e quindi avremo che Eva spenderà 2,00€ e Adamo spenderà 4,00€.

3.2 SAMUELSON

Il modello di Samuelson consente di dimostrare graficamente come viene raggiunta la condizione di efficienza in un sistema economico di beni pubblici e privati. Massimizzando l'utilità di un individuo (Eva), mantenendo costante l'utilità di un altro individuo (Adamo), è possibile rappresentare graficamente come viene rispettate la condizione di efficienza paretiana ossia $MRS_A + MRS_E = MRT$

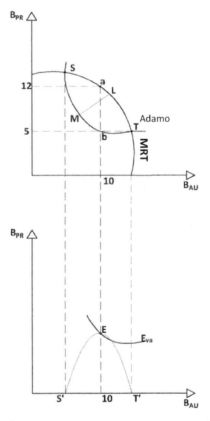

Sull'asse verticale ci sono i beni privati, sull'asse orizzontale ci sono i beni pubblici, che sappiamo essere uguali per entrambi.

Disegniamo la curva d'indifferenza di Adamo e la frontiera di trasformazione che ci permetta di individuare le combinazioni efficienti di beni privati e pubblici della collettività (Adamo+Eva in questo caso).

Supponiamo che la quantità di beni pubblici sia 10, prolungando tale punto fino alla curva d'indifferenza di Adamo vedremo che la quantità di beni privati è 5, prolungandolo fino alla frontiera sapremo che i beni prodotti dal sistema economico sono 12. La quantità di beni privati di Eva è rappresentata dalla differenza verticale fra la frontiera di trasformazione e la curva d'indifferenza di Adamo, ossia pari ad **ab**; nei punti **S** e **T** i beni privati saranno interamente consumati da Adamo; andando verso destra i beni pubblici di Eva aumenteranno ed i beni privati diminuiranno fino al picco **LM**, dopodiché i beni pubblici diminuiranno.

Nel secondo grafico, sull'asse verticale avremo i beni privati di Eva. Per prima cosa proiettiamo i punti **S** e **T** dove la quantità di beni privati di Eva è nulla. Riportiamo anche la distanza verticale **ab** che diviene **E10**. Unendo i punti **S′ − E − T** avremo una curva concava verso il basso che prende il nome di **curva residuale**, che mi dice la combinazione di beni pubblici e privati di Eva. Nel punto **E** Eva massimizza la sua utilità perché la curva residuale è tangente alla sua curva d'indifferenza più lontana dall'origine.

Quando rappresentiamo la curva residuale, essa è data dalla differenza fra l'inclinazione della MRT e l'inclinazione delle MRS_A; nel punto **E** avremo $MRT - MRS_A = MRS_E$ cioè $MRT = MRS_A + MRS_E$. Abbiamo dimostrato la condizione di efficienza in un sistema economico in cui ci sono sia beni pubblici che beni privati. Il punto di tangenza comunque può variare, sia a seconda della curva d'indifferenza (perché noi parliamo di mappe di curve), sia della quantità di beni privati di Adamo. Infine per funzionare bene, tale modello richiede che gli individui rivelino sinceramente le proprie preferenze.

3.3 FREE RIDER

Difronte a un bene pubblico puro (non escludibile e non rivale) le persone possono essere incentivate a nascondere le proprie preferenze. Ad esempio supponiamo uno spettacolo pirotecnico come pubblico, Adamo potrà dire, mentendo, che a lui non piacciono tali spettacoli e se convince Eva a pagare da solo il prezzo, guarderà lo spettacolo senza pagare. Questo atteggiamento opportunista è definito **Problema del free rider o dell'opportunismo.**

In questo caso lo Stato è l'unico che può risolvere il problema perché può offrire tali beni obbligando coercitivamente gli individui a pagare, ad esempio attraverso la tassazione.

Perché i beni pubblici puri sono un fallimento del mercato? Perché essendo gli individui incentivati a comportarsi come free rider, è molto probabile che la quantità di un bene pubblico fornita sia inferiore a quella efficiente.

Quale potrebbe essere una possibile soluzione per poter garantire una fornitura efficiente? Una soluzione potrebbe essere la discriminazione perfetta dei prezzi, ossia lo Stato dovrebbe chiedere ad ogni individuo quanto al massimo è disposto a pagare, ciò però comporterebbe arbitraggio ossia gli individui pagheranno prezzi differenti tra loro. Ad esempio l'individuo A paga un biglietto per un concerto meno dell'individuo B e quindi sarà incentivato a venderglielo per guadagnare. L'altro limite è la conoscenza perfetta della domanda individuale, ossia l'individuo per pagare meno non manifesterà la sua vera utilità per un servizio.

Capitolo IV

Esternalità

Si parla di esternalità quando l'atteggiamento di un soggetto economico influenza il benessere di un altro soggetto economico. Le esternalità possono essere prodotte sia dai consumatori sia dai produttori e l'effetto prodotto potrà essere tale da aumentare il benessere di un altro consumatore/produttore, in questo caso parliamo di esternalità positiva, o di diminuirlo, in questo altro caso parliamo di esternalità negativa.

Si tratta di transazioni che avvengono al di fuori del mercato e i soggetti colpiti dagli effetti non dovranno pagare gli ipotetici benefici né essere indennizzati per gli ipotetici danni.

Esempi di esternalità positive sono l'istruzione, i frutti dell'albero del vicino caduti nel mio giardino; esempi di esternalità negativa sono il fumo o l'inquinamento.

L'esternalità può dar luogo ad un fallimento del mercato quando queste transazioni non vengono internalizzate dal mercato, a questo punto, quindi, interviene lo Stato. Ad esempio a monte di un fiume abbiamo un'acciaieria ed a valle un'azienda ittica; l'acciaieria inquina il fiume e reca un danno all'impresa ittica a valle; non essendo il fiume di nessuno, l'acciaieria non deve risarcire nessun tipo di danno, quindi il danno non è internalizzato dal mercato; per evitare il fallimento, l'acciaieria dovrebbe risarcire l'impresa ittica.

Non tutte le esternalità danno luogo ad un fallimento del mercato. In questo caso possiamo riportare un altro esempio: ipotizziamo la presenza di una fabbrica in periferia che, producendo carta, inquina la zona circostante; chi abita vicino all'impresa decide di trasferirsi in città, generando un aumento della domanda di appartamenti e di conseguenza un aumento dei prezzi; in questo caso non c'è fallimento poiché l'esternalità viene internalizzata dal mercato. Altro esempio di esternalità positiva è l'apicoltore che produce il miele vicino al frutteto.

Il problema dell'esternalità nasce dalla mancata assegnazione dei diritti di proprietà ma si può evitare assegnando tale diritto ad uno degli individui.

4.1 ESTERNALITÀ NEGATIVA

Si tratta di transazioni che avvengono fuori dal mercato influenzando negativamente il benessere di un altro individuo.

Perché l'esternalità negativa rappresenta un fallimento del mercato? La quantità prodotta (Q_1) è maggiore di quella socialmente efficiente (Q^*). Tale quantità non è socialmente efficiente perché l'impresa danneggiante non tiene in considerazione i danni arrecati ad un altro soggetto/impresa; in corrispondenza di Q_1 avremo MSC(costo marginale sociale) > MB perché non tiene conto di MD.

$$MB = MPC + MD \quad \rightarrow \quad MB = MSC$$

MAXπ = MPC = MB $\rightarrow$ Q_1

MB: beneficio marginale

MPC: pagamenti per gli input

MD: danno marginale

MSC: costo marginale sociale

MPC+MD: MSC

Quantità socialmente efficiente = MSC = MB $\rightarrow$ Q^*

Dal passaggio a un volume di output socialmente efficiente (Q^*) i benefici superano i costi, la collettività ottiene un beneficio netto.

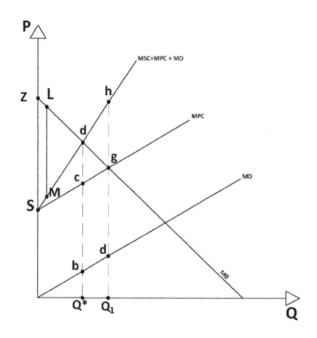

P: prezzo del bene prodotto da Adamo
Q: quantità di output prodotta dalla fabbrica di Adamo
Q₁: è la quantità che Adamo deve produrre per massimizzare i profitti
Q*: quantità socialmente efficiente

La **MD** è il danno marginale recato ad Eva ed è crescente perché l'inquinamento aumenta con l'aumentare della produzione (il danno marginale è sempre un segmento, quello complessivo un'area). A questo punto disegniamo la **MPC** che riflette i pagamenti per gli input (è una classica curva d'offerta). Riportiamo sopra la **MPC** i segmenti sottostanti **MD** ossia il segmento **ab** e **ef**: unendoli avremo la **MSC** che rappresenta il costo marginale sociale dato. Nel punto **g** avremo che MB = CMG, la domanda si incontra con l'offerta ma non è socialmente efficiente perchè non si considerano i danni marginali; nel punto **d**, invece, si massimizzano i profitti tenendo in considerazione i danni marginali.

Il segmento tra **Q*** e **Q₁** indica quanto l'impresa sta producendo in più quando non considera il danno marginale; il passaggio da **Q₁** a **Q*** comporta maggiore efficienza sociale, quindi l'acciaieria produce meno e perde profitto, l'impresa ittica ci guadagna.

$$\pi M = MB - MPC$$

πM: profitto marginale
MPC: costo marginale privato

Il profitto marginale è rappresentato dalla distanza tra la **MB** e la **MPC** (segmento **LM**); oltre il punto **g** il profitto marginale diviene negativo, infatti man mano che si producono unità in più, il segmento tra **MB** ed **MPC** diminuisce.

Il profitto complessivo è l'area al di sotto della **MB** ma al di sopra della **MPC** (quindi parliamo dell'area **ZgS**); quando passiamo da Q_1 a Q^* il profitto complessivo è l'area **ZdcS**; il triangolo **dcg** rappresenta la perdita di profitti passando da Q_1 a Q^*.

Cosa accade all'impresa ittica? Guadagnerà dal non danno ricevuto garantito dal passaggio da Q_1 a Q^* che è pari all'area **abef**. Per vedere se la collettività sta meglio, dobbiamo confrontare l'area **dhcg** (che per proiezione è uguale all'area **abef**) con l'area **dcg**.

$$\text{dhcg} - \text{dcg} = \text{dhg} \quad \rightarrow \quad \text{guadagno netto della collettività}$$

4.2 CORREZIONE DELL'ESTERNALITÀ

Soluzioni private

1. **TEOREMA DI COASE:** visto che l'esternalità nasce dalla mancanza di assegnazione dei diritti di proprietà, assegnando tali diritti ad uno dei due soggetti, questi internalizzeranno gli effetti esterni mediante la contrattazione

Tale teorema può essere applicato solo se coinvolti pochi individui e se le fonti dell'esternalità sono ben definiti.

I° Caso: diritto di proprietà ceduto all'impresa danneggiante (acciaieria)

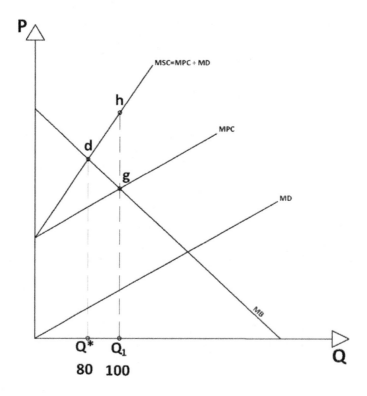

L'acciaieria vorrà produrre Q_1, l'azienda ittica andrà dall'acciaieria per negoziare, col fine di farle ridurre le unità prodotte.

L'acciaieria è disposta a ridurre il numero di unità prodotte se l'azienda ittica la rimborsa del mancato profitto; l'azienda ittica è disposta a rimborsare un compenso marginale inferiore o uguale al suo beneficio marginale. Da Q_1 a Q^* la contrattazione può avvenire in quanto il compenso marginale che l'impresa ittica è disposta a dare è minore o uguale al mancato profitto marginale.

II° Caso: diritto di proprietà ceduto all'impresa danneggiata (impresa ittica)

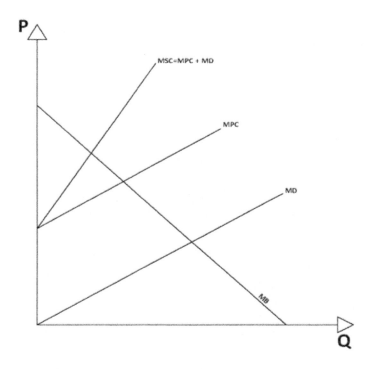

L'acciaieria, inizialmente, produrrà 0, quindi andrà dall'impresa ittica per negoziare ed avere il permesso ad inquinare. La società ittica è disposta a dare il permesso ad inquinare se, per ogni unità che produce l'acciaieria, riceve un risarcimento marginale uguale o superiore al danno marginale. La contrattazione avviene fino al punto Q^* in quanto il profitto marginale è uguale o maggiore al danno marginale, oltre è minore.

2. **FUSIONE:** comporta che una delle due imprese acquista l'altra, l'esternalità viene automaticamente internalizzata perché il proprietario di entrambe le attività sarà incentivato a produrre una quantità efficiente per ottenere un profitto maggiore.

3. **CONVIVENZA CIVILE**

Soluzioni pubbliche

1. **IMPOSTA PIGOUVIANA:** lo Stato interviene per diminuire la quantità di unità che generano esternalità negativa ossia che danneggia il beneficio sociale. Il suo intervento si manifesta attraverso la tassazione di tali unità, così da far sì che l'impresa danneggiante diminuisca la quantità di unità prodotte. L'ammontare dell'imposta deve essere uguale al danno marginale corrispondete la quantità socialmente efficiente.

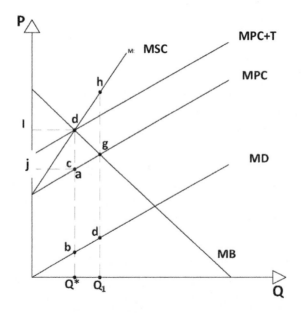

Il danno marginale è rappresentato dal segmento **ab** (o in proiezione dal segmento **cd**) quindi l'imposta sarà il valore **ab**. Con l'ammontare dell' imposta **ab**, la **MPC** trasla verso l'alto,

essendo l'altezza di **ab** uguale all'altezza di **cd**, la nuova **MPC** passerà per il punto **d** e quindi avremo MB=MPC+T (t=tasse).

La tassa non potrà essere superiore al valore dell'altezza **ab** perché altrimenti i costi per l'impresa sarebbero troppo alti e quindi produrrebbe meno. La quantità che massimizza i profitti si ha nel punto in cui la **MB** interseca la **MPC+T** dando luogo ad una produzione efficiente. A destra di Q^* avremo che l'imposta$> \pi M$, a sinistra avremo l'imposta $< \pi M$.

L'ammontare complessivo delle entrate dello Stato viene definito **gettito**. Quindi il segmento **cd** è l'imposta da pagare per ogni unità, il segmento **jc** è la quantità di unità per cui pagare l'imposta, l'area **idcj** è il gettito.

2. **SUSSIDIO PIGOUVIANO:** lo Stato concede un sussidio per ogni unità che l'impresa danneggiante non produce.

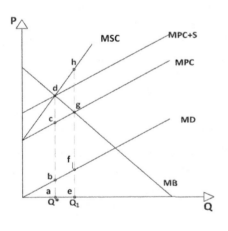

Il segmento verticale vicino al punto **g** è la perdita del profitto generato dalla produzione in meno di un'unità; il sussidio sarà maggiore di tale importo perché il segmento è prolungato fino a **MPC+S** (S=sussidio).
All'acciaieria conviene ridurre la produzione da Q_1 a Q^* perché il sussidio concesso dallo Stato è uguale o maggiore del mancato profitto marginale. La quantità che massimizza i profitti si ha nel punto in cui **MB** interseca la **MPC+S** generando una produzione efficiente. La **MPC** anche qui trasla verso l'alto perché il sussidio è comunque un costo per la collettività. Da Q^* a **0** il sussidio non sarà percepito dall'impresa.

Tra sussidio e imposta allo Stato conviene l'imposta. L'imposta pigouviana tassa ogni unità, indipendentemente da come l'impresa produce, quindi l'imposta non incentiva ad adottare un atteggiamento efficiente. Lo Stato risolve tale problema tassando non l'unità prodotta ma ogni unità inquinante prodotta (tassa sulle emissioni).

Come si determina il livello di riduzione dell'inquinamento efficiente?

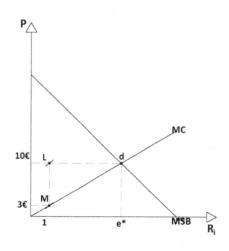

MC: costo marginale di riduzione dell'inquinamento

Ri: riduzione del livello di inquinamento

La curva **MSB** indica il beneficio marginale sociale per l'impresa ittica derivante da ogni unità d'inquinamento che l'acciaieria riduce, quindi indica i costi in meno dell'impresa ittica per ogni unità d'inquinamento in meno prodotta dall'acciaieria. La **MC** indica il costo marginale per l'impresa inquinante connesso alla riduzione di ciascuna unità d'inquinamento. L'impresa senza intervento dello Stato è collocato sul punto **0** poiché non è incentivata ad inquinare meno. L'allocazione efficiente è il punto **e*** dove MC=MSB. Lo Stato incentiva ad arrivare al punto **e*** mediante imposte sulle emissioni; il loro ammontare sarà uguale al costo marginale corrispondente al livello di riduzione di inquinamento efficiente.

L'impresa per pagare meno tasse inizierà, quindi, a ridurre la quantità, ogni unità che ridurrà non pagherà 10,00€ di imposta. L'impresa però deve verificare che la non produzione di 1 unità non gli rechi perdita di profitto. Ridurre una unità significa rinunciare a 3,00€, essendo l'imposta di 10,00€, il guadagno sarà di 7,00€ **(LM)**. L'impresa ridurrà la produzione fino al punto **e*** ossia dove il costo marginale è uguale o minore al beneficio derivante dal mancato pagamento dell'imposta.

4.3 ESTERNALITÀ CON TRE SOGGETTI

In questo caso abbiamo due imprese inquinanti (Alberto e Matteo) ed una che viene danneggiata (Lisa).

Supponiamo che inizialmente Alberto e Matteo emettano 90 unità inquinanti ciascuno e che il settore pubblico abbia stimato che la quantità efficiente di riduzione sia di 100 unità, quindi l'inquinamento da 180 unità deve passare a 80 unità (Adamo 90 unità + Alberto 90 unità=180 unità inquinanti; 180 unità – 100 unità da ridurre = 80 unità consentite).

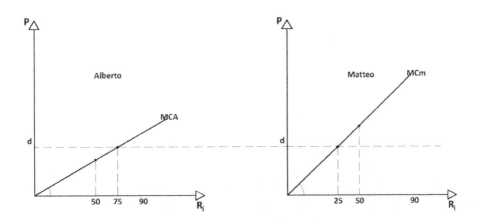

Come riportare il livello di riduzione?

Se Alberto e Matteo avessero stessi **CMG** allora si otterrebbe una riduzione uguale per entrambi ossia 50 unità a testa. Dai grafici però notiamo che Matteo ha **CMG** superiori ad Alberto, quindi l'individuo con **CMG** inferiori dovrà ridurre più quantità fino ad eguagliare i **CMG** di entrambi.

Se dividiamo 50 unità ciascuno e lo riportiamo sul grafico, vediamo come i **CMG** di Matteo siano nettamente superiori, quindi per minimizzare i costi complessivi ridurremo più ad Alberto e meno a Matteo fino a raggiungere lo stesso **CMG** ossia 75 unità per Alberto e 25 unità per Matteo. Dopo tale punto Alberto per ridurre la 76esima unità spenderebbe di più del risparmio che ne deriva per Matteo.

Cosa fa il settore pubblico per raggiungere la quantità efficiente?

1. Imposte sulle emissioni;
2. Sistemi di Cap-and-Trade;
3. Norme di Command-and-Control.

1. Imposte sulle emissioni

Come è possibile immagine, Alberto non ha nessuna intenzione di ridurre più unità di inquinamento rispetto a Matteo, per fare ciò (e in generale per far si che le imprese riducano le unità di inquinamento) lo Stato stabilisce imposte sulle emissioni, il cui ammontare è uguale al costo marginale di due individui. Vi è un solo punto dove i costi marginali sono uguali ossia il punto in cui Alberto riduce 75 unità e Matteo riduce 25 unità; prolungando tale retta fino all'asse dell'ordinata troveremo il punto **f** (in questo caso 50 unità). Alberto quindi ridurrà unità fin quando il costo per fare ciò non eguaglia l'imposta stabilita dallo Stato, ad esempio per la 76esima unità Alberto pagherebbe 60,00€ mentre l'imposta è di 50,00€, quindi ad Alberto conviene di più pagare l'imposta poichè il costo marginale diviene superiore all'imposta, stesso discorso vale per Matteo.

L'imposta è efficiente perché consente di riportare il livello di riduzione d'inquinamento in modo tale da minimizzare i costi, in assenza d'imposta la divisione della riduzione risulterebbe non equa. Con l'imposta diviene equa perché Alberto, che sostiene meno costi, pagherà più tasse; Matteo, che ha più costi, pagherà meno tasse.

2. Sistemi di Cap-and-Trade

Il sistema di Cap-and-Trade è una politica di assegnazione di autorizzazioni ad inquinare, ossia con tale autorizzazione l'impresa può emettere unità inquinanti quanti sono i certificati ricevuti (in questo caso 80 unità).

Tale sistema è utilizzato quando è difficile stimare il danno marginale. Dal punto di vista dell'efficienza, allo Stato non interessa a quale individuo dare i certificati in quanti ai soggetti che li ricevono è consentito scambiarli sotto compenso. Il sistema di Cap-and-Trade serve a dimostrare che indipendentemente da come avvengono assegnati tali certificati, si raggiungerà sempre il livello di riduzione d'inquinamento efficiente.

Da un punto di vista del reddito, invece, ci sarà un vantaggio per chi potrà rivendere tali certificati. Lo Stato fissa in origine la quantità
massima di inquinamento ed anche la quantità da ridurre.

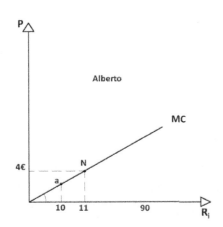 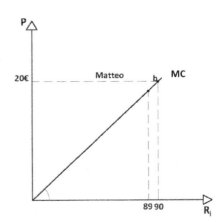

Con il sistema di Cap-and-Trade lo Stato ci impone di non poter emettere una determinata quantità di unità inquinanti. Se Alberto riceve tutti i certificati (80) dovrà ridurre solo di 10 unità (punto **a**), mentre Matteo non avendo certificati dovrà ridurre tutto ossia di 90 unità, quindi Matteo ha convenienza nell'andare a negoziare dei certificati da Alberto. Questa allocazione non è efficiente in termini di costi, ossia non minimizza i costi dal momento che $MC_A < MC_M$.

Alberto sarà disposto a vendere un'autorizzazione solo se la somma ricevuta in cambio sarà tale da coprire i costi di riduzione dell'unità inquinante addizionale. Matteo, invece, inquinando di un'unità in più, acquisterebbe solo se il certificato costerà meno del risparmio ottenuto.

Ad esempio Alberto cede un certificato, quindi da 10 unità passa a ridurre 11. Questo comporta dei costi (punto **N11** ossia 4,00€), Matteo risparmia un'unità quindi da 90 passa ad 89 e questo comporta un risparmio (punto **b** ossia 20,00€). Alberto quindi vorrà almeno 4,00€ per il certificato ceduto, mentre Matteo sarà disposto a pagare al massimo 20,00€ per il certificato e quindi c'è margine di contrattazione che continuerà fino a quando non si eguaglieranno i costi marginali ossia 75 e 25. Quindi Alberto venderà 65 autorizzazioni a Matteo in quanto da 10 a 75 il costo marginale di riduzione dell'inquinamento che deve sostenere Alberto è minore o uguale alla somma che Matteo è disposto a pagare: $MC_A = MC_M$.

Il prezzo delle autorizzazione è pari all'imposta sulle emissioni.

Confronto imposta sulle emissioni e sistema di Cap-and-Trade

- **Inflazione:** in presenza d'inflazione, se l'imposta non viene corretta ne segue che in termini reali, il costo per Alberto e Matteo si riduce, un'imposta sulle emissioni inferiore comporta una minore riduzione dell'inquinamento. Con il sistema Cap-and-Trade la quantità d'inquinamento è sempre la stessa indipendentemente dall'inflazione in quanto la correzione ha luogo automaticamente. <u>Conclusione: imposta sulle emissioni inefficiente; Cap-and-Trade efficiente.</u>

- **Variazione dei costi:** il costo marginale di riduzione dell'inquinamento potrebbe variare di anno in anno, ad esempio aumentare quando aumenta la domanda di beni prodotti dalle imprese inquinanti, diminuire se le imprese utilizzano meglio i loro input producendo meno materiali di scarto. Se aumentano i costi marginali le rette diventano più ripide per cui con un'imposta sulle emissioni di 50,00€ avremo una minore riduzione dell'inquinamento (si riduce meno di quanto sarebbe efficiente). Ipotizziamo che l'autorità istituisca un programma Cap-and-Trade in base al quale il tetto massimo di inquinamento viene fissato al livello efficiente. In questo caso se aumentano i costi marginali, il livello di riduzione d'inquinamento resta lo stesso; il sistema stabilisce un rigido limite all'inquinamento che non varia al variare delle condizioni economiche. Man mano che le curve del costo marginale si spostano verso l'alto, aumenta il prezzo delle autorizzazioni, imponendo più costi per Alberto e Matteo. Ulteriore soluzione è il **prezzo di sicurezza** ossia l'autorità stabilisce un prezzo di acquisto delle autorizzazioni. <u>Conclusioni: imposta sulle emissioni efficiente (vale la condizione T=MC); Cap-and-Trade inefficiente (eccesso di riduzione).</u>

- **Incertezza sui costi:** tutto dipende dalla curva dei benefici marginali sociali, ossia a seconda se sia elastica o anelastica.

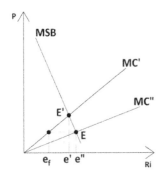

BMG: anelastico

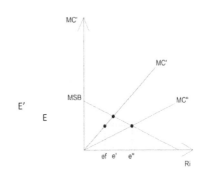

BMG: elastico

Nel punto in cui la **MSB** incontra la **MC"** abbiamo il livello di riduzione efficiente, se lo Stato sbaglia previsione sarà il punto tra **MSB** e **MC'** (**E'**).

Nel grafico ANELASTICO, con il sistema Cap-and-Trade passare dal punto **e*** al punto **e'** significa emettere delle nuove autorizzazioni, ma lo Stato non lo può fare e dovremo rimanere in **e*** non potendo raggiungere il nuovo punto di riduzione efficiente. Con le imposte faremo una retta (che rappresenta l'imposta) che passa per **E** ossia l'imposta è uguale al costo marginale di riduzione del livello di inquinamento efficiente. Essendo le previsioni sbagliate lo Stato vorrà aumentare le imposte per raggiungere il punto **E'** ma, come abbiamo già detto, non lo può fare. Quindi possiamo vedere che la distanza fra **ef** ed **e'** (imposte), è superiore alla distanza fra **e'** ed e* (Cap-and-Trade) quindi con una curva anelastica il sistema Cap-and-Trade è preferibile perché si discosta meno dall'effettivo livello di riduzione efficiente.

Nel grafico ELASTICO potremo fare lo stesso discorso però preferiremo le imposte sulle emissioni.

3. Command-and-Control

Lo Stato può risolvere il problema a monte imponendo all'impresa quali tecnologie utilizzare per ridurre l'inquinamento oppure stabilire per ogni impresa il livello di emissione. Con questo secondo metodo lo Stato non si interessa dei costi di un'impresa ma, semplicemente, stabilisce un tetto oltre il quale non poter inquinare.

Confronto sistema Cap-and-Trade e sistema di Command-and-Control.

Con il Cap-And-Trade, che abbiamo detto essere un sistema di incentivi, ossia si incentivano gli inquinanti a ridurre l'inquinamento, lo Stato dovrà controllare che

le imprese rispettino le unità inquinanti permesse in base ai certificati in loro possesso. Proprio per questo, a parità di riduzione delle emissioni, conviene il sistema Command-and-Control perché non ci sono costi per monitorare il rispetto del sistema. Infatti con quest'ultimo sistema si stabilisce:
- standard tecnologico: si impone all'impresa di utilizzare una determinata tecnologia per ridurre l'inquinamento;
- standard di performance: si stabilisce un limite di emissioni da poter raggiungere;
- problema hotspot: il sistema risolve un ulteriore problema ossia nel sistema Cap-and-Trade lo Stato considera le emissioni complessive delle imprese, quindi si potrebbe verificare che si formino zone altamente inquinanti e zone meno inquinanti. Con il sistema di Command-and-Control evitiamo ciò poiché lo Stato stabilisce quanto le singole imprese devono emettere.

4.4 ESTERNALITÀ POSITIVA

Si tratta di transizioni che avvengono fuori dal mercato, senza che le parti coinvolte paghino un prezzo per le risorse utilizzate e ciò si verifica quando un'attività di produzione o di consumo di un individuo influenza positivamente il benessere o l'attività produttività di un altro individuo senza che questi debba pagare il beneficio ricevuto perché da esso non può essere escluso.
Perché l'esternalità positiva rappresenta un fallimento del mercato?
La quantità prodotta R_1 è minore di quella socialmente efficiente. L'impresa nel decidere quanto produrre non tiene conto del beneficio che apporta alle altre imprese mediante le attività di ricerca e sviluppo, infatti in corrispondenza di R_1 avremo MSB > MC perché non tiene conto dei MEB.
Quando l'impresa produce, tiene conto soltanto del suo beneficio marginale privato.

Esempio

Impresa di un'attività di ricerca e sviluppo

↓

Scarica sostanze che bonificano il fiume

↓

L'impresa ittica ne riceve un beneficio (impresa a valle)

↓

L'impresa ittica non deve nulla all'impresa di ricerca

L'impresa a monte non tiene conto del beneficio dell'impresa a valle quindi la quantità che produce è inferiore rispetto al beneficio che può ricevere l'impresa a valle, quindi lo Stato incentiva a produrre di più attraverso un sussidio il quale risarcisce l'impresa per l'unità in più che produce.

Per poter raggiungere la quantità socialmente efficiente lo Stato deve concedere un sussidio per ogni unità addizionale, l'aumento è pari al beneficio marginale addizionale, il cui aumentare è pari al beneficio marginale esterno in corrispondenza del volume di output emesso (quantità socialmente efficiente). Così avremo la **correzione dell'esternalità positiva.** Il limite della correzione è rappresentato dalla difficoltà legata alla misurazione della quantità e del valore dell'esternalità.

La condizione che massimizza i profitti senza l'intervento dello Stato è: $\mathbf{Q_1} \rightarrow$ **MC = MPB** (non tiene conto del beneficio marginale derivante dall'esternalità).

MPB: beneficio marginale privato

MC: costo marginale

Q*: MC=MPB+MEB

MPB+MEB=MSB lo Stato interviene per far sì che l'impresa tenga conto del beneficio marginale derivante dall'esternalità.

MEB: beneficio marginale esterno, ossia il beneficio per le altre imprese

MSB: beneficio marginale sociale

MPB: è la domanda, perché la domanda oltre a corrispondere a quanto un individuo è disposto a pagare, rappresenta anche il beneficio

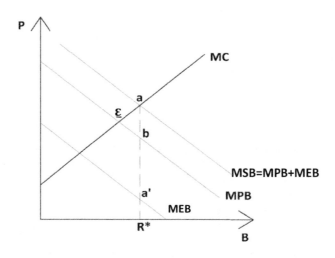

S: ab-a'b'
ab: sussidio per ogni unità in più. Beneficio derivante dall'esternalità. Abbiamo un sussidio dello Stato, ossia l'impresa non riesce ad eguagliare i costi quindi dà sussidi
a'b': MEB
In R_1: MSB>MC perché non consideriamo il beneficio
MC: offerta derivante dall'esternalità
MSB: ruota, decrescente

In presenza di esternalità positiva la quantità socialmente efficiente si ha quando MSB=MC (R^*)
Se l'impresa vuole massimizzare i profitti dovrà produrre una quantità R_1 tale da avere MPB=MC. In corrispondenza di tale quantità avremo MSB>MC, in quanto l'impresa non tiene conto del **MEB** che apporta alle altre imprese non ricevendo alcun compenso.

$$\text{MAX}\,\pi = \text{MPB} = \text{MC} = \text{MC} \rightarrow R_1$$

Capitolo V
Teoria delle scelte collettive

In questo capitolo vedremo come vengono utilizzati gli strumenti dell'analisi economica nel processo decisionale politico

5.1 DEMOCRAZIA DIRETTA

Si applica il cosiddetto **modello Lindhal** che ci consente di calcolare la quantità di beni pubblici efficiente decisa con l'unanimità dei votanti e con ogni individuo che dichiara sinceramente la propria preferenza.

Possono esserci due votazioni differenti in caso di democrazia diretta ossia un voto all'unanimità o a maggioranza.

Esempio voto all'unanimità

Abbiamo Adamo ed Eva che devono andare a vedere uno spettacolo pirotecnico (inteso come bene pubblico) e per tale bene c'è un prezzo-imposta, ossia la quota con cui deve partecipare ogni individuo.

Qual è il numero di spettatori che mette d'accordo entrambi?

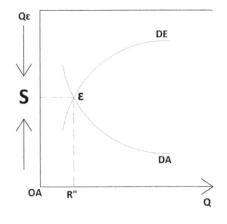

Q: quantità di spettacoli pirotecnici
E: prezzo di Lindhal che mi permette di calcolare la quota di Adamo ed Eva
R": numero di spettacoli efficiente

Disegniamo la curva di domanda di Adamo e quella di Eva (che sarà capovolta). **R"** sarà il numero di spettacoli efficiente che ci consente di raggiungere l'unanimità. In corrispondenza del punto **ε** avremo **S** che indica le quote: **O$_A$S** sarà il segmento a carico di Adamo (la sua quota da pagare), **O$_E$S** sarà il segmento a carico di Eva.

I limiti del modello di Lindhal sono:

- gli individui devono essere sinceri;
- l'equilibrio potrebbe non essere individuato subito.

Esempio voto a maggioranza

Poiché l'unanimità è difficile da raggiungere, sono preferibili i sistemi per i quali è sufficiente la maggioranza.

Il paradosso del voto a maggioranza fu evidenziato da Condorcet (matematico e filosofo del XVIII secolo) il quale notò come non sia

possibile utilizzarlo quando non tutti gli individui hanno preferenze unimodali. In questo caso non si riuscirà a raggiungere un equilibrio del voto a maggioranza.

Le preferenze unimodali sono preferenze con un' "unica punta", l'individuo sceglie sempre e solo quell'alternativa, l'alternativa intermedia. Le preferenze bimodali sono preferenze a "due punte", l'individuo sceglierà sempre le alternative estreme, o tutto o niente. Essendo le scelte esterne due, l'individuo sceglierà sempre una volta l'una ed una volta l'altra.

Esempio

Abbiamo tre individui: Cosimo (C), Eliana (E) e Giorgio (G) che devono scegliere fra tre alternative (A-B-C), tutti con preferenze unimodali.

PREFERENZE	C	E	G
1	A	C	B
2	B	B	C
3	C	A	A

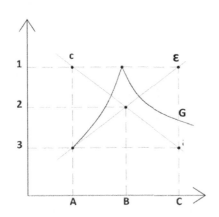

Riporto le scelte di ciascun individuo, della tabella precedente, sul grafico e unisco i punti da sinistra a destra

Si procede con una votazione:

A vs B = **B**
B vs C = **B**
A vs C = **C**

Quando abbiamo soggetti unimodali l'alternativa che ottiene la maggioranza dei voti corrisponde alla proposta intermedia e non viene violato il principio di transitività

Ora trasformiamo le scelte di un individuo in bimodali, quindi ad esempio le scelte di Eliana si trasformeranno da CBA a CAB perché, come già detto in precedenza, preferisce prima le alternative esterne.

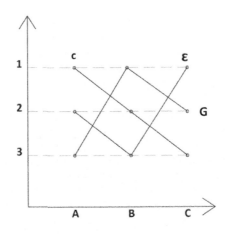

Vediamo che adesso Eliana ha due punte

A vs B = **A** Non ci sarà un'alternativa con la
A vs C = **C** maggioranza dei voti, si forma il fenomeno
C vs B = **B** dell'**andamento ciclico dei voti**, detto
anche **paradosso del voto a maggioranza**
che si verifica quando almeno uno ha
preferenze bimodali.

5.2 TEOREMA DELL'ELETTORE MEDIANO

L'elettore mediano è l'individuo le cui preferenze occupano la posizione intermedia nelle preferenze di tutto il gruppo, preferenze ordinate per quantità crescente, cioè metà degli elettori vorrà una quantità maggiore di quel bene rispetto all'elettore mediano, l'altra metà ne vorrà una quantità minore. Il teorema afferma che se tutte le preferenze sono unimodali, il risultato di una votazione a maggioranza rifletterà la preferenza espressa dall'elettore mediano.

Esempio

Ci sono cinque amici con preferenze unimodali: Davide, Margherita, Bruno, Alba e Luigi che vogliono fare una festa e devono decidere quanto spendere. Le proposte sono:

- Davide: 5,00€
- Margherita: 100,00€
- Bruno: 150,00€
- Alba: 220,00€
- Luigi: 700,00€

Dal momento che le preferenze sono unimodali:

- da 0 a 5,00€ → TUTTI FAVOREVOLI → Unanimità;
- da 5,01€ a 100,00€ → MAGGIORANZA → 4 si, 1 no;
- da 100,01€ a 150,00€ → MAGGIORANZA → 3 si, 2 no;
- da 150,01€ a 220,00€ → MINORANZA → 2 si, 3 no;
- da 220,01€ a 700,00€ → MINORANZA → 1 si, 4 no.

Qualsiasi spesa superiore ai 150,00€ verrebbe bocciata in quanto il numero dei contrari sarebbe superiore al numero dei favorevoli. La maggioranza voterà per 150,00€ perché è il prezzo superiore che ottiene la maggioranza, ed è la scelta dell'elettore mediano.

L'elettore mediano è colui che ottiene un numero di consensi uguale al numero di dissensi: è il centro della distribuzione numerica. Se tutti gli individui hanno preferenze unimodali, l'alternativa che

ottiene la maggioranza dei voti coincide con quella preferita dall'elettore mediano. Tale teorema potrebbe non essere valido se qualcuno avesse preferenze bimodali.

5.3 LOGROLLING – LO SCAMBIO DEI VOTI

Un limite del sistema di votazione a maggioranza semplice è che non consente agli individui di esprimere quanto stia loro a cuore un certo problema, il grado di preferenza non influisce sul risultato finale. Con lo scambio dei voti è possibile manifestare un determinato grado di preferenza.

Molti sono contrari a tale teoria in quanto sostengono che:
- facendo emergere la reale intensità delle preferenze degli elettori, esse conducono ad una fornitura non efficiente;
- lo scambio dei voti potrebbe portare a far prevalere interessi particolari.

Esempio

1. Ci sono tre individui che devono scegliere un'opera pubblica tra un ospedale, una piscina ed una biblioteca

PROGETTO	MELANIA	RINO	ROSSELLA	BTN (beneficio totale netto)
Ospedale	200	-50	-55	95
Biblioteca	-40	150	-30	80
Piscina	-120	-60	400	220

Se nessuno si accorda, non si avrà mai la maggioranza. Con lo scambio dei voti i soggetti potrebbero accordarsi (ad esempio Melania e Rino potrebbero accordarsi per scambiarsi l'appoggio per

per un determinato progetto). Essendo il BTN positivi in tutti i casi, lo scambio dei voti darà luogo ad un beneficio efficiente. Votando uno per volta vediamo che nessuno dei progetti verrà approvato, ogni progetto ha un pro e due contro: con lo scambio dei voti, invece, si otterrà l'approvazione di tutti e tre i progetti aumentando il benessere di tutti.

2. Tutti i progetti comportano un BTN negativo

PRO-GETTO	MELANIA	RINO	ROS-SELLA	BTN
Ospedale	200	-110	-105	-15
Biblioteca	-40	150	-120	-10
Piscina	-270	-140	400	-10

Tutti i progetti saranno bocciati. Se si accordano, un gruppo di votanti può formare una coalizione per far approvare un progetto.

5.4 TEOREMA DI IMPOSSIBILITÀ DI ARROW

Arrow voleva trovare i criteri ideali per soddisfare un processo di votazione valido, per fare ciò dovevano rispettarsi determinati criteri:
- deve portare sempre ad una decisione, quindi anche se ci troviamo con decisioni multimodali dovremmo comunque trovarci un'alternativa vincente;
- gli individui devono essere in grado di classificare le proprie preferenze;
- deve riflettere le preferenze individuali, ossia le preferenze individuali e collettive devono combaciare;
- deve rispettarsi il principio di transitività (A>B>C=A>C);
- indipendenze delle alternative irrilevanti, ossia l'aggiunta di un'alternativa che reputo irrilevante non dovrebbe modificare l'esito finale;
- non è ammessa dittatura.

In conclusione, quindi, possiamo affermare che è impossibile trovare un metodo di decisione che li soddisfi tutti, in quanto bisogna rinunciare ad almeno un criterio. In una società democratica, la funzione del benessere sociale è il frutto di una scelta collettiva, ma secondo il teorema può darsi che tale scelta non venga raggiunta.

5.5 DEMOCRAZIA RAPPRESENTATIVA

In questo caso prenderemo in considerazione il teorema dell'elettore mediano in un sistema di democrazia rappresentativa. Per fare ciò utilizzeremo il **modello di Downs** che ha dimostrato che in un sistema bipolare, il politico che intende massimizzare i voti adotta il programma preferito dall'elettore mediano.

Esempio

Ci sono due partiti: progressisti e conservatori. Ognuno dovrà stilare un programma elettorale e lo farà tenendo in considerazione quello dell'avversario.

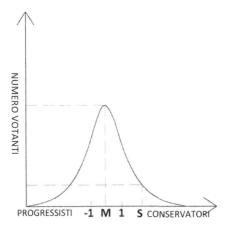

Prendiamo il punto centrale dell'ascissa dove si raggiungerà il punto più alto di voti ossia **M**.
Per l'ordinata prendiamo un punto a caso.
Disegniamo la **curva di Gauss**, ossia una curva simmetrica (significa che le curve sono a specchio e quindi sovrapponibili). Nei punti **1** e **-1** avremo stesse probabilità di voto. Più mi avvicino dall'origine al centro e più l'individuo è meno progressista e più conservatore.

Abbiamo due partiti: Bianchi per i progressisti e Bruni per i conservatori. Bianchi inizialmente sanno che per ottenere più voti dovranno adottare un programma preferito dall'elettore mediano e si colloca nel punto **M**. I Bruni, invece, si collocano nel punto **S** e quindi avranno un bacino di voti inferiore rispetto ai Bianchi. I Bruni, per non perdere le elezioni, dovranno spostarsi verso **M** fino a raggiungerlo ed avere la probabilità di appoggio di metà dei votanti.

5.6 I FUNZIONARI PUBBLICI O BUROCRATICI: IL TEOREMA DI NISKANEN

Nel settore privato un individuo rende più redditizia la propria azienda per ottenere un maggiore profitto; un burocrate, invece,
terrà in considerazione maggiormente il prestigio del proprio ente
poiché non può appropriarsi del profitto e quindi il suo obiettivo è massimizzare il prestigio. Il burocrate dirige l'ente e il governo lo finanzia.
L'ipotesi fondamentale di tale modello è l'asimmetria informativa ossia uno degli individui dispone di più informazioni rispetto all'altro e cercherà di trarne il massimo vantaggio.
Secondo Niskanen il potere ed il prestigio sono in diretta relazione e perciò il burocrate mirerà ad aumentare il prestigio per avere un maggior compenso.

L'asimmetria informativa è data dal fatto che il burocrate conosce i costi della propria azienda, il governo no e quindi è il contraente più debole, in più il burocrate sa quanto il governo è disposto a stanziare in base alle dimensioni di un ente. Il burocrate, però, è vincolato perché non può spendere più di quanto riceve.

$$C \leq V \rightarrow \pi \geq 0 \quad \text{se invece} \quad C > V \rightarrow \pi < 0$$

Essendoci questa discordanza di informazioni il burocrate chiederà il massimo che il Parlamento è disposto a stanziare.

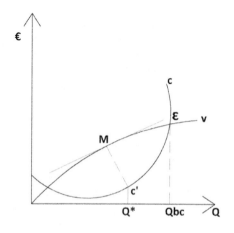

Disegno la prima curva che parte dall'origine ed è lo stanziamento del governo **(v)**. Poi disegno la curva che misura l'andamento dei costi **(c)**: più aumenta la curva e più l'ente sostiene costi.

v-c= π: è la distanza verticale della mandorla **(Mc')**;
π = 0: dove le curve si intersecano, il burocrate sceglierà il punto **ε** perché massimizza il prestigio;
Qbc: è la dimensione che massimizza il prestigio del burocrate, andare oltre significa dover sostenere costi superiori allo stanziamento → $\pi > 0$;
Q: dimensione dell'ente;
C = V → π = 0: burocrate spenderà tutto e massimizzerà il prestigio;
c': inclinazione della curva dei costi, misura il costo marginale;
M: inclinazione della curva di stanziamento, misura l'utilità marginale;

Al centro della mandorla massimizzeremo il mio profitto
$$Q^* \rightarrow c < v = \pi > 0$$

Quando massimizziamo il profitto? Quando **RMG=CMG** ma parlando di ente pubblico sarà **UMG=CMG** in quanto parliamo di utilità marginale.

Ipotizziamo di voler calcolare l'inclinazione in **M**: dobbiamo disegnare una retta tangente al punto **M**, tangenza significa avere la stessa inclinazione; stesso discorso per **c'**. Le rette tangenti di M e **c'** saranno fra loro parallele e ciò significa UMG=CMG

Da 0 a Q* → UMG > CMG

In Q* → UMG = CMG

Da Q* a Qbc → UMG < CMG

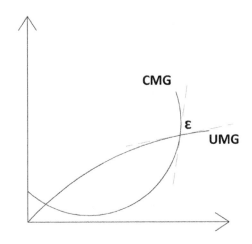

Perché in **ε** abbiamo C>V? Perché la CMG ha una pendenza maggiore di UMG.

5.7 GRUPPI DI PRESSIONE

Sono gruppi che si dedicano alla promozione di propri interessi, spesso in conflitto con quelli generali (Lobby). Spesso hanno tassi di adesione molto alti e finanziano i partiti per avere benefici che spettano spesso a pochi individui. I gruppi meno numerosi riescono a coordinarsi più facilmente.

5.8 AUMENTO DELL'INTERVENTO STATALE E CONTROLLO DELLA SPESA PUBBLICA

Analizziamo alcune teorie che spiegano l'incremento come inevitabile:

1. l'incremento della spesa pubblica è espressione della preferenza dei cittadini: la domanda di beni e servizi pubblici del votante mediano dipende dal reddito e dal prezzo;
2. approccio marxista: il settore privato tende alla sovrapproduzione e lo Stato aumenta la spesa per assorbire questa produzione.

Adesso analizziamo una teoria che spiega l'incremento come conseguenza di eventi fortuiti:

1. Peacock & Wiserman: in periodi normali la spesa pubblica cresce solo moderatamente ma possono verificarsi eventi esterni, come la guerra, che richiedono livelli di spesa pubblica maggiori e nuovi metodi di finanziamento (effetto spiazzamento);

Capitolo VI
La ridistribuzione del reddito

La ridistribuzione del reddito rientra nella competenza degli economisti? Gli economisti dovrebbero limitarsi ad analizzare i problemi sociali solo in termini di efficienza. Questo approccio ha però due limiti:
- la teoria del benessere dimostra che solo l'efficienza non è sufficiente per valutare un'allocazione di risorse;
- i politici sono interessati alle implicazioni in termini di reddito delle loro decisioni.

Prima di continuare ad affrontare questo capitolo è bene specificare due concetti economici: disuguaglianza assoluta è quando diamo una valutazione precisa, disuguaglianza relativa è quando faccio una stiamo (%).

6.1 FUNZIONE DEL BENESSERE SOCIALE

La funzione del benessere sociale rappresenta le preferenze di una collettività.

$$W = f(U_A; U_E)$$

Questa è la funzione del **benessere sociale utilitarista**, dove il benessere sociale dipende dalle utilità individuali

$$W = f(U_A + U_E)$$

Questa è la funzione del **benessere sociale additiva** dove dobbiamo sommare le utilità dei due individui non considerando l'equità.

W: benessere della collettività

6.2 FUNZIONE DEL BENESSERE SOCIALE UTILITARISTA

$$W = f(U_A : U_E)$$

Il benessere della società dipende dal benessere degli individui che la compongono: qualunque cambiamento che migliori le condizioni di un individuo senza peggiorare quella di un altro individuo accresce il benessere sociale.

L'obiettivo dello Stato è massimizzare **W**.

Qual è la posizione degli utilitaristi in relazione alla ridistribuzione del reddito da parte dello Stato? Il benessere della collettività dipende dalla somma delle utilità degli individui che la compongono. Se l'obiettivo dello Stato è massimizzare **W** può ottenerlo aumentando le risorse di uno qualsiasi degli individui coinvolti.

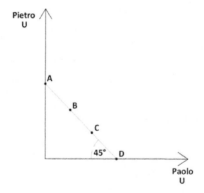

A: utilità di Pietro 100
D: utilità di Paolo 100

La retta è **W=100** quindi qualsiasi punto sulla retta dovrà avere sempre un benessere uguale a 100 (ad esempio in **B** avremo 80 per Pietro e 20 per Paolo).

La retta deve essere inclinata negativamente di 45° cosicché da dimostrare che non tiene conto dell'equità ma solo dell'efficienza.

6.3 FUNZIONE DEL BENESSERE RAWSIANO-CRITERIO MAX-MIN

Il benessere di una collettività dipende solo dall'individuo che sta peggio, indipendentemente dal livello di utilità del ricco o di chi sta meglio. Nessun incremento della sua utilità giustifica un decremento dell'utilità del povero.

$$W = MIN (U_{PIETRO} : U_{PAOLO})$$

Esempio

$W = MIN(20_{PIETRO} : 30_{PAOLO}) \rightarrow$ W dipende da 20: quindi MAX-MIN perché massimizzare il livello di utilità dell'individuo che sta peggio.

I criteri su cui si basa sono:
- posso sacrificare una disuguaglianza sociale minore pur di avere un MIN superiore, ossia un aumento del soggetto povero.

$U_{PIETRO} = 20$	$U_{PIETRO} = 30$
$U_{PAOLO} = 70$	$U_{PAOLO} = 130$
Disuguaglianza=50	Disuguaglianza=100

  Sceglieremo la seconda opzione, ossia con disuguaglianza 100, perché aumenta il MIN.

- velo di ignoranza: ogni individuo quando nasce non conosce la propria situazione economica, in tale situazione vorrà uno Stato che tuteli il personaggio più debole/povero.

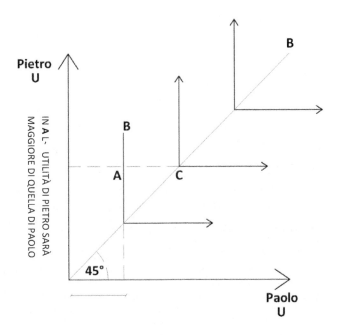

Disegniamo una bisettrice (B), retta che parte dall'origine e divide l'angolo retto in 45°. Disegniamo due segmenti che formano un angolo 45° sulla bisettrice. Prendiamo l'angolo della secondo "elle" e proiettiamolo sulla prima. In **A** avremo $U_{PIETRO} > U_{PAOLO}$. In **B** non c'è un aumento del benessere collettivo perché aumenta l'utilità di Pietro (il più ricco) e non di Paolo. Passare da **A** a **C** aumenta l'utilità di Paolo (soggetto più povero) e quindi comporta un aumento del MIN.

6.4 DISTRIBUZIONE OTTIMALE DEL REDDITO

Le condizioni affinché questo modello sia valido sono:

- presenza di due individui;

- ci sia un'utilità marginale decrescente;

- il reddito complessivo è dato;

- hanno stesse curve marginali decrescenti, quindi stessa percezione dell'utilità.

L'obiettivo è massimizzare il livello di utilità complessivo e lo riusciamo a fare ridistribuendo il reddito equamente.

Esempio

Abbiamo 100,00€ e diamo 60,00€ a Pietro e 40,00€ a Paolo. L'utilità marginale sarà maggiore per Paolo (utilità marginale decrescente). Per migliorare il benessere complessivo potremmo trasferire 10,00€ da Pietro a Paolo: Pietro avrà un decremento della sua utilità mentre l'utilità di Paolo aumenterà. L'incremento dell'utilità di Paolo deve essere maggiore del decremento dell'utilità di Pietro.

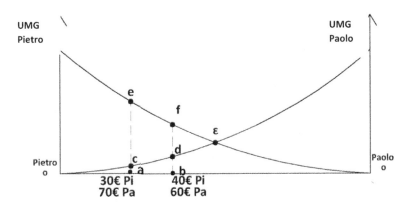

Pietro riceve 30,00€, Paolo riceve 70,00€: non è la soluzione ottimale quindi UMG di Pietro è **e-a**, mentre UMG di Paolo è **a-c**.

Paolo cede 10,00€ a Pietro e quindi il budget si trasformerà in 40,00€ per Pietro e 60,00€ per Paolo: UMG di Pietro diviene **f-b**, mentre quello di Paolo diviene **d-b**.

Passando da 30,00€ a 40,00€ di quanto è pari l'incremento di Pietro? L'incremento di Pietro è rappresentato sul grafico dall'area **e-f-b-a**. Di quanto sarà il decremento di Paolo? Il decremento di Paolo è rappresentato dall'area **a-b-c-d**. L'incremento di colui che riceve 10,00€ è maggiore del decremento di utilità di chi perde 10,00€.

L'area **c-d-e-f** è il guadagno netto della collettività perché l'incremento è maggiore del decremento.

40,00€ e 60,00€ non rappresentano l'allocazione ottimale, bisogna che Paolo dia altri 10,00€ per arrivare a 50,00€ uguagliando l'UMG; se dessimo altri 10,00€ a Pietro diventerebbe una perdita per la collettività.

La differenza tra incremento e decremento rappresenta il guadagno della collettività.

6.5 REDISTRIBUZIONE PARETO EFFICIENTE

Ad ogni incremento corrisponde un decremento. Chi riceve soldi sta sempre meglio, ma chi dà questi soldi? **Hochman e Rodgers** col **criterio dell'interdipendenza** sostengono che chi cede soldi trae un'utilità dal gesto che compie. Questa utilità è maggiore del decremento derivato dalla perdita monetaria, quindi non parliamo di efficienza ma di miglioramento paretiano.

6.6 APPROCCI NON INDIVIDUALISTICI

Abbiamo due teorie riguardo gli approcci non individualistici:

- **Tobin:** tutti devono disporre di servizi minimi e beni precisi;

- **Nozick – libertarismo:** lo Stato non ridistribuisce il reddito perché il reddito viene prodotto da chi lavora. Lo Stato lavora e quindi la ridistribuzione avviene fra individui che lavorano. Lo Stato ridistribuisce il reddito solo se si parte da una situazione di non equilibrio fra individui e lo fa mediante tasse e sussidi.

6.7 TRASFERIMENTI IN NATURA E TRASFERIMENTI MONETARI

Esempio

Lo Stato col trasferimento in natura mi concede un buono di 10,00€ per una pizza, con il trasferimento mi concede 10,00€. Se il mio scopo è comprare la pizza per me sarà indifferente se ricevo il buono o i soldi poiché l'utilità che ricevo è la stessa.

Il trasferimento monetario determina un livello di utilità maggiore rispetto a quello in natura quando:

- si consuma una quantità maggiore di entrambi i beni rispetto al trasferimento in natura;
- il trasferimento in natura influisce sulle scelte.

Esempio

Vogliamo due pizze, lo Stato o può darmi tre buoni per tre pizze o può darmi 30,00€. In questo caso preferiremo il trasferimento monetario perché così non siamo vincolati a comprare e mangiare tre pizze dal momento che vogliamo due pizze. Se il trasferimento in natura è inferiore o uguale al livello che riteniamo ottimale, la nostra scelta è indifferente, se è maggiore preferiremo il trasferimento monetario.

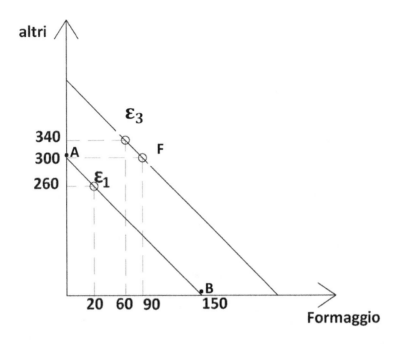

AB: vincolo di bilancio iniziale

Abbiamo 300,00€, 1,00€ ogni bene, 2,00€ il formaggio, quindi A sarà 300 e B sarà 150,00€, il paniere sarà ε_1 (260-20).

Lo Stato ci trasferisce 120,00€, il vincolo trasla ed il nuovo paniere sarà rappresentato da ε_3 (trasferimento monetario).

Lo Stato non ci concede 120,00€ ma bensì 60kg di formaggio, ossia l'equivalente dei 120,00€, ciò farà si che i 300,00€ iniziali li spenderemo tutti per gli altri bene (punto **F**): il nuovo vincolo sarà **AFD**. Sceglieremo il trasferimento monetario o il trasferimento in natura? Sceglieremo il trasferimento monetario perché il livello di utilità è maggiore (ε_3 è più lontano dall'origine rispetto ad **F**). Sarà invece indifferente quando il trasferimento in natura è minore o uguale al livello ottimale.

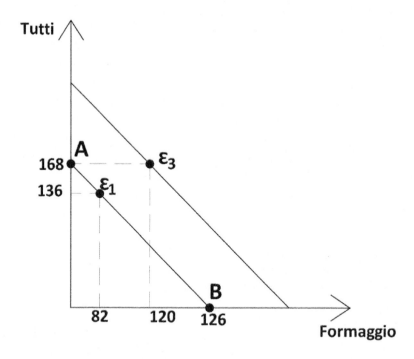

Lo Stato ci concede 120,00€ e il vincolo trasla verso l'alto, in natura ci concede 120,00€ in formaggio, questa volta posso raggiungere ε_3 poiché ai 120,00€ mancano altri 6,00€, quindi è indifferente e la nostra utilità non varia.

Capitolo VII
Il trattato di Maastricht e la politica fiscale europea

Il **Trattato di Maastricht** stabilisce che con l'adesione alla moneta unica i Paesi rinunciano ad una propria politica economica la cui gestione spetterà alla Banca Centrale Europea – BCE.

I Paesi aderenti devono rispettare determinate condizioni:
- tasso d'inflazione non superiore a 1,5 punti rispetto al tasso medio dei tre Paesi più virtuosi;
- tassi d'interesse a lungo termine non superiore a due punti percentuali rispetto al Paese con l'inflazione più bassa;
- un tasso di cambio con oscillazioni negli ultimi due anni superiori a quelli previsti dal Sistema Monetario Europeo - SME;
- indebitamento della Pubblica Amministrazione non superiore al 3% del PIL;
- un rapporto debito pubblico/PIL non superiore al 60%.

Questi due ultimi parametri regolano le finanze dei Paesi anche dopo il loro ingresso.

Prima di continuare è bene evidenziare il significato di determinato termini tecnici che potrebbero esserci utili successivamente:
- debito pubblico: somma dei vecchi debiti più gli interessi maturati;
- saldo primario: differenza fra entrate ed uscite in un determinato anno;
- avanzo primario: entrate superiori alle uscite;
- disavanzo primario: uscite superiori alle entrate.

$g = \dfrac{G}{Y}$ **G:** spesa pubblica   **Y:** PIL

$b = \dfrac{B}{Y}$ **B:** debito pubblico $\leq 0,6$ (60%). Per ridurre questo rapporto o riduco il numeratore, ciò significa stare in avanzo primario, o riduco il PIL, ossia faccio crescere il Paese. L'Italia ha poca possibilità di aumentare il PIL e quindi cerca di stare in avanzo.

$t = \dfrac{T}{Y}$ **T:** imposte/pressione fiscale

La pressione fiscale aumenta se il PIL è costante e le imposte aumentano oppure se le imposte restano costanti e il PIL diminuisce.

La formula del **vincolo di bilancio dinamico** è:

$$b = (g - t) + (r - x)b$$

r: tasso di interesse nominale
x: tasso di crescita del PIL

Affinché il rapporto debito pubblico/PIL sia stabile, ovvero non cresca illimitatamente, è necessario che b=0.

$$b=0 \quad \text{quando} \quad t - g = (r - x)b$$

t > 0 avanzo primario
g > t disavanzo primario
g = t pareggio

se **r > x** dovremo avere per forza **t > g** ossia devo trovarmi in avanzo;
se **r < x** posso anche avere **t < g** e stare in disavanzo

Quando uno Stato diviene inadempiente?
Quando il deficit supera il 3% del PIL.

$d^* = bx \quad \rightarrow \quad d^* \leq 3\%$ se **b** è alto devo aumentare il tasso di crescita del PIL

$d^*: \dfrac{\text{deficit (indebitamento P.A.)}}{\text{PIL}}$

Capitolo VIII
La spesa sanitaria

Una delle voci più importanti della spesa pubblica in Europa è la spesa sociale. Col termine spesa sociale o Welfare State si intendono non solo le spese per pensioni e interventi in caso di disoccupazione ma anche la spesa sanitaria.

Un elemento che accomuna la disoccupazione e la sanità è l'incertezza.

Il mercato sanitario comprende sia l'assicurazione che la spesa. I problemi che si verificano sono la selezione avversa e l'azzardo morale: tale problemi si verificano perché c'è asimmetria informativa.

Quindi possiamo dire che **il mercato sanitario, ossia la spesa e l'assicurazione sanitaria, dà luogo a due problemi legati all'asimmetria informativa ossia la selezione avversa e l'azzardo morale.**

L'acquirente versa la polizza/premio (una somma di denaro) per assicurarsi che nel caso gli occorrano delle spese mediche, la cifra non sarà a suo carico ma a carico dell'assicurazione.

Il **valore atteso (V.A.)** è il valore medio di tutti gli esiti incerti.

Esempio

Vi è Emilia che vuole stipulare una polizza assicurativa. Emilia ha una probabilità del 10% (1/10) di ammalarsi mentre ha una probabilità di non ammalarsi del 90% (9/10). Se si ammala le cure costano 30.000,00€. Il suo reddito netto annuo ammonta a 50.000,00€.

Ad Emilia conviene assicurarsi?

- **caso in cui non si assicura:** per facilitare consideriamo un lasso temporale di dieci anni. Emilia avrà, quindi, per nove anni un reddito di 50.000,00€ ed un anno, dovendo affrontare le spese mediche, avrà un reddito di 20.000,00€.

$$V.A. = \frac{1}{10} \cdot 20.000,00 + \frac{9}{10} \cdot 50.000,00$$
$$\downarrow$$
$$\frac{20.000,00 + 450.000,00}{10} = 47.000,00€$$

Il valore medio di ogni anno è di 47.000,00€.

- **caso in cui si assicura:** Emilia sa che ogni anno deve pagare il premio assicurativo, in concorrenza perfetta il premio dovrà essere equo, ossia dovrà essere uguale al valore atteso della perdita.
  In caso di malattia le cure costano all'assicurazione 30.000,00€, diviso i dieci anni che stiamo considerando avremo che il valore atteso medio di ogni anno sarà 3.000,00€.

$$V.A. \text{ perdita} = \frac{1}{10} \cdot 3.000,00 + \frac{9}{10} \cdot 0 = 3.000,00€$$

$$\text{Reddito certo} = 50.000,00 - 3.000,00 = 47.000,00€$$

Non parlo più di V.A. ma di reddito annuo certo

Ad Emilia quindi conviene assicurarsi perché preferirà dividere i 30.000,00€ in più anni anzicchè affrontare la spesa in un'unica volta, quindi tra un reddito incerto ed un reddito certo sceglierà sempre quello certo. Il livello di utilità sarà maggiore quando si assicura rispetto a quando non si assicura.

Funzione di utilità

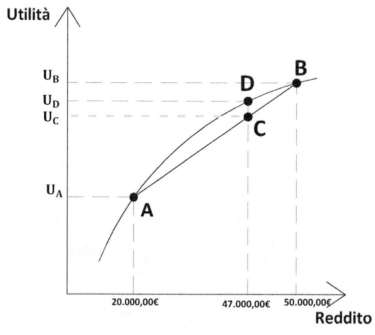

Sulla curva avremo i valori certi, sulla retta quelli incerti.

La funzione di utilità si rappresenta con una curva concave verso il basso, la sua inclinazione misura l'utilità marginale ed è decrescente. Riportiamo, quindi, sul grafico i risultati ottenuti precedentemente.

Se non si assicura Emilia avrà un anno un reddito di 20.000,00€ (**A**), nove anni potrà avere un reddito annuo di 50.000,00€ (**B**). Abbiamo, quindi, gli estremi. Se unisco **A** e **B** ottengo una retta lungo la quale ci sono i valori medi; quindi sulla retta avremo il Valore Atteso del reddito di quando non mi assicuro ossia 47.000,00€ (**C**). Il parametro da tenere in considerazione è U_C ossia l'utilità di Emilia nel punto **C**.

Se si assicura essendo, in questo caso, 47.000,00€ non più un Valore Atteso ma bensì un reddito certo perché Emilia si è assicurata, questa volta segniamo 47.000,00€ sulla funzione ossia la curva (**D**) e il parametro da considerare sarà U_D. Come possiamo vedere l'utilità di Emilia sarà superiore se si assicura.

Se il premio non è equo (non è equo quando il premio supera il Valore Atteso) conviene assicurarsi?

Dipende dal tipo di avversione al rischio o meglio se l'individuo è avverso al rischio. Se Emilia è una tipa ansiosa sarà più propensa a pagare l'assicurazione poiché è più avversa al rischio, se invece è meno avversa valuterà il premio che l'assicurazione le propone.

Graficamente un individuo più avverso avrà una funziona più concava e piatta; più è concava la curva e maggiore è l'inclinazione e quindi l'utilità marginale sarà decrescente più velocemente.

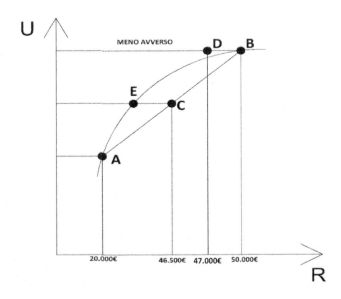

Rifacciamo lo stesso grafico disegnato precedentemente però questa volta con la proiezione di **C** sulla funzione ci troveremo il punto **ε** che ci indica un prezzo assicurativo non equo (3.500,00€) ma che comunque ci procura una utilità pari a quando non ci assicuriamo, quindi tra **C** ed **ε** la scelta è indifferente. L'intervallo tra **ε** e **D** (premio che va dai 3.000,00€ - **D** – ai 3.500,00€ - **ε**) Emilia si assicurerà sempre perché la sua utilità sarà maggiore di quando non si assicura. Al di sotto di **ε** l'utilità sarà inferiore e quindi non si assicurerà.

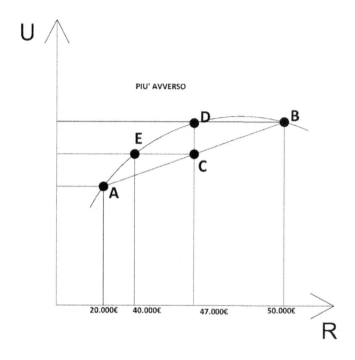

Quando siamo più avversi, abbiamo pi paura e siamo portati maggiormente a soddisfare le richieste non eque del premio, infatti il nostro intervallo **ε – D** questa volta andrà da 40.000,00€ a 47.000,00€ ossia saremo disposti a pagare tra i 3.000,00€ e i 10.000,00€

8.1 SELEZIONE AVVERSA

Le compagnie assicurative non sono in grado di conoscere il grado di rischio ad ammalarsi di un individuo quando lo assicurano, altrimenti potrebbero far pagare premi maggiori ad individui più a rischio (asimmetria informativa). L'assicurazione quindi per non trovarsi con più spese rispetto alle entrate dei premi, crea il PREMIO UNIFORME, ossia effettua una media tra i premi da assegnare a quelli più a rischio e i premi da assegnare a quelli meno a rischio ed assegna il premio che ne risulta a tutti gli assicurati, senza far alcun tipo di distinzione. Quindi il premio uniforme svantaggia i clienti meno a rischio (perché dovrebbero pagare di meno) che quindi tenderanno a non assicurarsi (selezione avversa). Infatti i clienti meno a rischio si troverebbero a finanziare i clienti più a rischio che invece pagherebbero un premio inferiore al valore atteso. Lo Stato per non perdere tali clienti rende l'assicurazione obbligatoria (Community Rating).

Un mercato fallisce quando non è efficiente, nella selezione avversa dobbiamo considerare equità ed efficienza:

- assicurazione equa: quando tutti si assicurano, quindi rendendola obbligatoria rispettiamo questo criterio;
- efficienza: quando tutti pagano un equo premio, come abbiamo visto dalla spiegazione precedente, non rispettiamo questo criterio.

La selezione avversa è un fallimento del mercato perché non facciamo pagare un premio equo a causa dell'asimmetria informativa.

8.2 AZZARDO MORALE

Per comprendere al meglio questo concetto basta riportare un esempio.

La crisi economica del 2006/2007 è cominciata a causa di un azzardo morale ed anche qui avevamo un'asimmetria informativa. In America vendevano titoli tossici ossia ad alto rischio perché maggiore è la possibilità di guadagno delle banche con tali titoli; l'intermediario, infatti, guadagna, con la banca, se guadagna il cliente, se va male, invece, lo Stato ricapitalizza la banca ed a rimetterci sarà solo il cliente. L'azzardo morale si ha quando l'individuo tende a rischiare in maniera eccessiva.

L'azzardo morale è un fallimento del mercato perché non è in grado di controllare i comportamenti della parte con più informazioni (la banca).

L'azzardo morale giustifica l'intervento dello Stato?

L'azzardo morale può portare ad una spesa per l'assistenza sanitaria molto elevata se i pazienti non sopportano direttamente i costi dei servizi. Dal momento che gli individui sono avversi al rischio, preferiscono acquistare una polizza che non sostenere i costi dell'assistenza medica. Siamo quindi difronte ad un TRADE OFF ossia quanto più generosa è la polizza tanto maggiore è la protezione ma anche l'azzardo morale. Infatti un'assicurazione efficiente bilancia i guadagni derivanti dalla riduzione del rischio con le perdite associate all'azzardo morale, richiedendo esborsi elevati a carico dell'assicurato e coperture più generose per i servizi costosi.

I problemi di efficienza causati dall'azzardo morale nascono ogni qual volta sono terzi a finanziare il costo dei servizi medici. I terzi possono essere rappresentati da una compagnia assicurativa privata che copre l'80% del costo marginale oppure lo Stato.

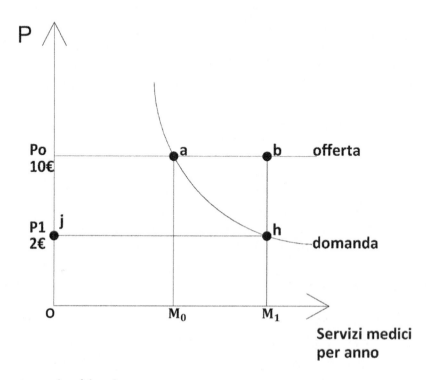

a: prezzo tutto a carico del paziente

M0: quantità che prendiamo pagando tutto noi

L'80% è pagato dallo Stato, quindi su 10,00€ noi pagheremo solo 2,00€ e lo Stato il restante. Pagando di meno saremo portati a prendere una quantità superiore M_1 e **h** sarà il mio nuovo equilibrio. Il segmento tra M_0 e M_1 rappresenta l'aumento della domanda a causa dell'azzardo morale.

$P_0 a M_0 O$: area che quantifica la spesa dell'individuo

$jhM_1 O$: area che quantifica la spesa dell'individuo con un terzo pagante

$P_0 bhj$: area che quantifica la spesa del terzo

Quindi la spesa complessiva è $P_0 b M_1 O$ ed è aumentata dell'area $abM_1 M_0$ a causa dell'azzardo morale, che comporta un aumento della spesa sanitaria.

Capitolo IX

Interventi di sostegno in caso di disoccupazione

9.1 ASSICRUAZIONE CONTRO DISOCCUPAZIONE

L'obiettivo dell'assicurazione contro la disoccupazione è integrare il reddito perso del lavoratore che rimane disoccupato.

Perché tale assicurazione dovrebbe essere fornita dallo Stato? Perché in presenza di selezione avversa e azzardo morale i mercati privati non forniscono la quantità efficiente di assicurazione.

Se diamo un sussidio al disoccupato sarà meno incentivato a lavorare quindi il problema sussiste nel fatto che disincentiviamo il disoccupato.

Esempio

Lo Stato ci dà un sussidio di 100,00€ se non lavoriamo, per ogni euro che guadagniamo lavorando il sussidio si riduce di 0,25€.

Quindi $S = 100,00€$, mettiamo che il mio reddito è di 100,00€, quindi $R = 100,00€$ dovremo fare $0,25€ \cdot 100 = 25,00€$; lo Stato quindi mi sottrarrà 25,00€ dai 100,00€ di sussidio.

Mettiamo, invece, il caso che il mio $R = 400,00€$ e lo Stato mi dà 100,00€ di sussidio ai quali, però, devo sottrarre 0,25€ per ogni euro guadagnato e quindi $0,25€ \cdot 400 = 100,00€$; il sussidio è di 100,00€, l'aliquota è di 100,00€ quindi lo Stato non mi darà nulla.

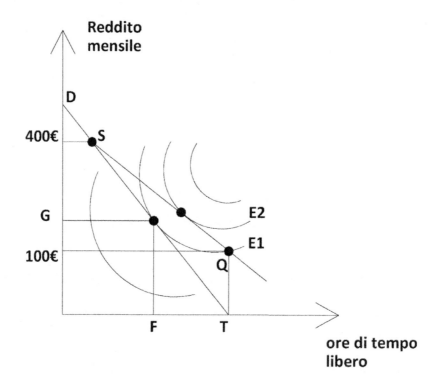

T: 24 ore di tempo libero e non abbiamo lavoro
D: lavoro e non ho tempo libero

Tracciamo il vincolo di bilancio per indicare le combinazioni di ore e lavoro.

Disegniamo una mappa di curve d'indifferenza dove ε_1 sarà l'equilibrio ossia dove il lavoratore massimizza la sua utilità. L'inclinazione del vincolo misura il salario orario **W**. Avremo il sussidio fino a 400,00€ quindi prendiamo un punto al di sopra di **G** e segniamo 400,00€. Quando stiamo in **T** il mio reddito è dato interamente dal sussidio, quindi proietto **T** verso l'alto per toccare quota 100,00€ ossia il punto **Q**. In **S** non ho diritto al sussidio.

Unendo i punti **DSQT** avremo un nuovo vincolo di bilancio perché prendiamo in considerazione anche il sussidio. Sul nuovo vincolo troviamo un nuovo equilibrio dato dal punto ε_2 dove aumenta il tempo libero e si riducono le ore di lavoro, quindi tra ε_1 e ε_2 preferiamo ε_2 perché si trova sulla curva d'indifferenza più lontana dall'origine ed in ε_2 il reddito complessivo è anche maggiore.

La conclusione è che il sussidio tende a disincentivare il lavoratore.

Vediamo cosa accade se l'aliquota da 0,25€ passa a 1,00€ e quindi T=1,00€.

L'individuo deve scegliere se lavorare/annullare il sussidio o non lavorare e prendere il sussidio. Se il sussidio è 400,00€ il reddito deve per forza essere 400,00€. Quindi a parità di reddito l'individuo sceglie di non lavorare.

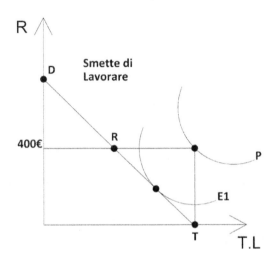

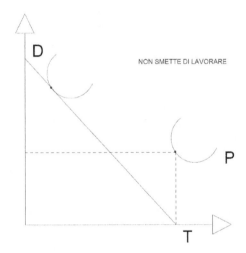

9.2 INTERVENTI IN CASO DI DISOCCUPAZIONE IN ITALIA

Gli interventi più importanti sono gestiti dall'INPS e a seguito della Riforma Fornero sono:

- Cassa Integrazione Guadagni (CIG), intervento a sostegno delle imprese in difficoltà e consiste in una retribuzione pari all'80% della retribuzione mensile per 13 settimane fino a 12 mesi. Spetta ad operai in caso di sospensione

o riduzione dell'attività produttiva;
- Cassa Integrazione Guadagni Straordinari (CIGS), spetta ai lavoratori la cui azienda affronta processi di ristrutturazione, riorganizzazione, riconversione. È sempre dell'80% e la durata dipende dai singoli casi;
- Assicurazione Sociale per l'Impiego (ASPI), spetta ai lavoratori che abbiano perso involontariamente il lavoro e versato per almeno due anni i contributi contro la disoccupazione involontaria. È pari al 75%;
- Mini ASPI, stesso contributo dell'ASPI ma spetta a chi abbia versato almeno 13 settimane di contributi e l'importo è sempre del 75%.

Capitolo X
La spesa previdenziale

I sistemi pensionistici si possono classificare nel modo seguente:

- contributivo, percepiamo la pensione in base ai contributi versati;
- retributivo, percepiamo la pensione in base all'ultimo stipendio percepito o gli ultimi due anni.

Le modalità di finanziamento sono la **capitalizzazione** e **ripartizione** e le prestazioni possono essere **retributive** o **contributive.**

Le entrate degli istituti previdenziali pubblici sono i contributi versati dai lavoratori e dai datori di lavoro. Nei sistemi a ripartizione, il gettito contributivo riscosso in ogni periodo è destinato al finanziamento delle prestazioni erogate in quello stesso periodo, ossia chi lavora paga la pensione a chi ha smesso di lavorare. Nei sistemi a capitalizzazione i contributi versati dai lavoratori sono investiti nel mercato dei capitali e, al momento del pensionamento, la pensione è pari ai contributi versati aumentati del tasso di rendimento ottenuto dal loro impiego.

10.1 EFFETTO PREVIDENZA SOCIALE SUL SISTEMA ECONOMICO

I° effetto: sostituzione della ricchezza. L'individuo dovendo versare i contributi sa che in futuro avrà diritto ad una pensione, quindi il risparmio privato sarà minore mentre sarà maggiore quello pubblico.

II° effetto: anticipato. Se andiamo prima in pensione, l'ammontare della pensione non sarà mai quanto il mio stipendio e quindi saremo incentivati a risparmiare di più durante la nostra carriera lavorativa per compensare la minor pensione.

III° effetto: eredità. Gli individui aumentano il proprio risparmio per compensare l'impatto della previdenza sociale sui redditi dei propri figli.

10.2 QUALI SONO LE SCELTE DEL CONSUMATORE

$$S = R - C$$

S: risparmio
R: reddito
C: consumi

S > 0 quando R > C questo significa che il consumatore/lavoratore dà a prestito; S < 0 quando R < C e quindi il consumatore/lavoratore prende a prestito; S = 0 quando R = C.

Esempio
B: somma che prendiamo a prestito
S: somma che diamo a prestito

I° caso: S > 0 = R > C

In questo primo caso l'individuo dà a prestito perché sa che in futuro potrà contare anche sugli interessi maturati.
Per supposizione consideriamo due orizzonti temporali: attuale e futuro. L'individuo non lascia eredità e non riceve eredità. L'individuo quindi risparmia solo nel periodo attuale, in quello futuro significherebbe lasciare un'eredità ed abbiamo presupposto che ciò non avvenga.
0: periodo attuale
1: periodo futuro
Sono indici temporali

$$C_0 < R_0 \rightarrow C_0 = R_0 - S$$

C_0: consumo periodo attuale
R_0: reddito periodo attuale
S: risparmio

$$C_1 = R_1 + S + R \cdot S$$

mettiamo in evidenza S

$$C_1 = R_1 + S(1 + R)$$

$$\downarrow$$

$$\Delta C = S(1 + R)$$

$R \cdot S$: interessi maturati sul risparmio

Il mio consumo è aumentato

II° caso: S < 0 = R < C

$$C_0 < R_0 \rightarrow C_0 = R_0 + B$$

B: somma che prendo a prestito

$$C_1 < R_1 \rightarrow C_1 = R_1 - B - rB \rightarrow R_1 - B(1-r)$$
$$\downarrow$$
$$\Delta C_1 = -B(1+r)$$

rB: tasso d'interesse

Il mio consumo è diminuito

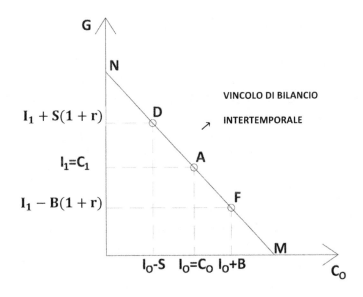

I: reddito

Facciamo il vincolo di bilancio dati i redditi ed il tasso d'interesse complessivamente **(NM)**.

Prendiamo il paniere **A**, il mio reddito attuale è I_0, il risparmio è uguale al consumo quindi $I_0 = C_0$ (che rappresenta anche il **III°caso**). Il paniere **A** è detto paniere di dotazione iniziale, ossia di quanto disponiamo all'inizio.

Nel I° caso dovremo trovarci a sinistra di I_0 (nel punto **D**), la distanza fra $I_0 - S$ e $I_0 = C_0$ rappresenta quanto noi stiamo risparmiando; in futuro potrò quindi

consumare di più

$$R_1 + S(1 + r) \text{ ossia reddito } \textbf{futuro+risparmio+interessi}$$

A destra di I_0 (nel punto **F**) consumeremo di più del mio reddito e quindi $I_0 + B$, in futuro consumeremo $I_1 - B(1 + r)$.
La distanza fra $I_0 = C_0$ e $I_0 + B$ è la somma che abbiamo preso a prestito.
L'equazione del vincolo di bilancio intertemporale è

$$C_0 + \frac{C_1}{1 + r} = I_0 + \frac{I}{1 + r}$$

$\frac{C_1}{1+r}$: valore attuale del consumo futuro

$\frac{I}{1+r}$: valore attuale del reddito futuro

10.3 DIMOSTRAZIONE GRAFICA DELL'EFFETTO DI SOSTITUZIONE DELLA RICCHEZZA

Consideriamo un individuo e consideriamolo come un risparmiatore.

L'individuo risparmia, quindi il suo paniere ottimo sarà a sinistra di quello iniziale che sappiamo essere I_0 e graficamente lo vediamo con la curva d'indifferenza. C_0^* e C_1^* sono consumi ottimi e la distanza fra C_0^* e I_0 è il risparmio. C_1^* sarebbe $I_1 + S(1 + r)$.

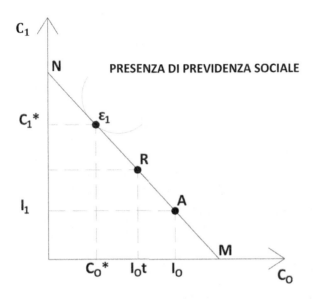

L'individuo versa i contributi, il sistema è a capitalizzazione, il nostro reddito diminuirà ed avremo il punto $I_0 t$ ossia $I_0 - C$ (contributi). Il paniere di dotazione iniziale sarà **R** e non più **A**.

In assenza di previdenza sociale il risparmio era uguale solo al nostro risparmio privato $C_0^* \cdot I_0$. Adesso il risparmio è sempre quello privato $C_0^* \cdot I_0^t$ a cui aggiungiamo il risparmio pubblico $I_0^t \cdot I_0$ (contributi).

$S_p = C_0^* I_0$
$S = S_p(C_0^* I_0^t) + S_{pub}(I_0^t \cdot I_0)$

Quindi l'effetto di sostituzione della ricchezza induce l'individuo a ridurre il risparmio privato in quanto viene sostituito dal risparmio pubblico (contributi).

Capitolo Undicesimo
Tassazione e distribuzione del reddito

L'**incidenza legale** ci consente di individuare il contribuente di diritto ossia colui che la legge individua come il soggetto che deve pagare.
L'**incidenza economica** individua il contribuente di fatto ossia il soggetto che effettivamente paga.

Esempio
Lo Stato aumenta l'accisa sulla benzina, il benzinaio aumenta il prezzo della benzina. Il contribuente di diritto è il benzinaio ma il contribuente di fatto è il consumatore. Se invece il benzinaio aumenta parzialmente il prezzo, sarà parzialmente anche contribuente di fatto; se invece se la addossa completamente lui, sarà sia contribuente di fatto che di diritto.

La **traslazione dell'imposta** si verifica quando c'è il trasferimento dell'onere dell'imposta dal contribuente di diritto al contribuente di fatto. Il contribuente di diritto trasmette tutto o in parte l'onere.
Quando si verifica? Ciò avviene quando i due soggetti (contribuente di diritto e contribuente di fatto) non coincidono, sono diversi.
La transazione può essere:
- completa, l'onere è trasferito totalmente;
- parziale, l'onere è trasferito solo in parte;
- in avanti, la traslazione avviene da chi offre a colui che domanda;
- in indietro, la traslazione avviene da chi domanda a chi offre (dal consumatore al produttore).

La regola è che per individuare se la translazione è in avanti o indietro bisogna individuare il contribuente di diritto, se questo è il produttore la traslazione potrà essere solo in avanti, se è il consumatore la traslazione potrà essere solo all'indietro.

11.1 IMPOSTA PROGRESSIVA – PROPORZIONALE - REGRESSIVA

Abbiamo un'imposta **progressiva** quando l'incremento dell'imposta è più che proporzionale rispetto all'aumento del reddito.

Abbiamo un'imposta **proporzionale** quando l'incremento dell'imposta è uguale all'incremento del reddito.

Abbiamo un'imposta **regressiva** quando l'incremento dell'imposta è meno che proporzionale rispetto al reddito.

Per individuare il tipo di imposta bisogna osservare l'andamento dell'aliquota media.

Aliquota media: $\frac{T \text{ (aliquota)}}{R \text{ (reddito)}}$ Parlo di percentuale se mi riferisco a **t**, mentre **T** indica l'ammontare complessivo.

Aliquota marginale: $\frac{\Delta T}{\Delta R}$ Mi dice di quanto aumenta l'aliquota per ogni unità in più di reddito.

Osserviamo l'andamento dell'aliquota media:

- se l'aliquota media è crescente vuol dire che l'imposta è progressiva;
- se l'aliquota media è decrescente vuol dire che l'imposta è regressiva;
- se l'aliquota media è costante vuol dire che l'imposta è proporzionale.

Possiamo anche confrontare l'aliquota media con l'aliquota marginale:

- se l'aliquota marginale > dell'aliquota media = progressiva;
- se l'aliquota marginale < dell'aliquota media = regressiva;
- se l'aliquota marginale = all'aliquota media = proporzionale.

11.2 INDICI DI PROGRESSIVITÀ

I indice: il sistema tributario è tanto più progressivo quanto maggiore è l'incremento delle aliquote medie al crescere del reddito.

$$\frac{T}{I} = \text{aliquota media}$$

T: imposta
I: livello di reddito

$$V_1 = \frac{\frac{T_1}{I_1} - \frac{T_0}{I_0}}{I_1 - I_0}$$

V_1: lettera inventata

$\frac{T_1}{I_1}$: aliquota media (es. 2016)

$\frac{T_0}{I_0}$: aliquota media (es. 2015)

- se $V_1 = \dfrac{\frac{T_1}{I_1} - \frac{T_0}{I_0}}{I_1 - I_0} > 0 \rightarrow$ Sistema progressivo

- se $V_1 = \dfrac{\frac{T_1}{I_1} - \frac{T_0}{I_0}}{I_1 - I_0} < 0 \rightarrow$ Sistema regressivo

- se $V_1 = \dfrac{\frac{T_1}{I_1} - \frac{T_0}{I_0}}{I_1 - I_0} = 0 \rightarrow$ Sistema proporzionale

La progressività è data dal rapporto tra la variazione dell'aliquota media e la corrispondente variazione del reddito. È ritenuto più progressivo il sistema fiscale con il valore dell'indice più alto.

II indice: si può anche affermare che un sistema fiscale è più progressivo di un altro se l'elasticità del gettito fiscale è più elevata del reddito.

$$V_2 = \dfrac{\frac{T_1 - T_0}{T_0}}{\frac{I_1 - I_0}{I_0}} \text{ possiamo anche scrivere } V_2 = \dfrac{\frac{\Delta T}{T_0}}{\frac{\Delta I}{I_0}} > 1 \text{ sempre}$$

$\frac{T_1 - T_0}{T_0}$: variazione dell'imposta

$\frac{I_1 - I_0}{I_0}$: variazione della base imponibile

- $\frac{\Delta T}{T_0} > \frac{\Delta I}{I_0}$: sistema progressivo (numeratore>denominatore);

- $\frac{\Delta T}{T_0} < \frac{\Delta I}{I_0}$: sistema regressivo (numeratore<denominatore);

- $\frac{\Delta T}{T_0} = \frac{\Delta I}{I_0}$: sistema proporzionale (numeratore=denominatore);

Tutti e tre i casi sono sempre >1

11.3 SISTEMI DI PROGRESSIVITÀ

I sistemi di progressività sono 4: progressività per deduzione, progressività per detrazione, progressività per classi di reddito e progressività per scaglioni.

Progressività per deduzione

Si basa sulla deduzione del reddito individuale imponibile di una somma di ammontare fisso. Determinato l'imponibile netto si applica un'unica aliquota.

Esempio

Dobbiamo pagare il 10% di tasse, il mio reddito è di 30.000,00€: quindi 30.000,00€ - 10% = 27.000,00€, quindi 3.000,00€ di tasse da pagare. Se portiamo al commercialista le spese deducibili, che in Italia (ad esempio) può applicarsi al 19%, faremo 30.000,00€ - 19% = 24.300,00€: questa sarà la nostra nuova base imponibile (non più 30.000,00€) quindi dovremo fare 24.300,00€ - 19% = 5.700,00€ di tasse da pagare.

Lo Stato per aumentare la progressività dovrebbe ridurre la quota deducibile, ad esempio dal 19% al 10%.
Per ridurre la progressività, invece, lo Stato dovrebbe aumentare la quota deducibile, ad esempio dal 19% al 30%.

Progressività per detrazione

Si calcola prima il reddito imponibile netto applicando un'unica aliquota d'imposta al reddito imponibile lordo per poi applicare una detrazione fissa.

Esempio

Abbiamo 1.000,00€ di tasse universitarie, possiamo detrarre il 19%. Calcoliamo, quindi, prima l'imposta da pagare ossia 30.000,00€ (reddito) – 10% = 3.000,00€ di tasse da pagare. Lo Stato ci dovrà il 19% di 1.000,00€ quindi 190,00€, per velocizzare c'è una compensazione 3.000,00€ - 190,00€ = 2.810,00€ di tasse da pagare.

Con la detrazione quindi risparmieremo 190,00€.

Progressività per classi di reddito

I redditi sono divisi per classi e ad ogni classe si applica un'aliquota, un esempio sono le tasse universitarie.

Progressività per scaglioni - IRPEF

Ci sono più scaglioni ad ognuno dei quali corrisponde un'aliquota marginale che cresce passando da uno scaglione all'altro.

Esempio

1° scaglione	0 – 1.000,00€	pagheremo il 10%
2° scaglione	1.001,00 – 20.000,00€	pagheremo il 20%
3° scaglione	20.001,00 – 40.000,00€	pagheremo il 30%
4° scaglione	40.001,00 – a salire	pagheremo il 40%

Prediamo in considerazione, ad esempio, un reddito di 35.000,00€, quindi per i primi 10.000,00€ pagheremo il 10%, per i secondi 10.000,00€ pagheremo il 20%, per gli ultimi 15.000,00€ pagheremo il 30%.

10.000,00€ - 10% = 1.000,00€
10.000,00€ - 20% = 2.000,00€
15.000,00€ - 30% = 4.500,00€

35.000,00€ reddito → 7.500,00€ tasse da pagare

Per classi di reddito avremmo pagato 35.000,00€ - 30% = 10.500,00€ mentre con gli scaglioni pagheremo 7.500,00€ quindi conviene utilizzare la progressività per scaglioni così da disincentivare l'evasione fiscale.

11.4 EQUILIBRIO PARZIALE E GENERALE

Nell'analisi parziale ci limitiamo ad analizzare gli effetti dell'imposta solo sul mercato dove l'imposta è introdotta. Nell'analisi generale, invece, analizziamo gli effetti dell'imposta anche sui mercati complementari.

L'incidenza legale dipende dalla legge, l'incidenza economica dipende dall'elasticità della domanda e dell'offerta. Inoltre l'incidenza legale non può influenzare quella economica. A seconda dell'elasticità possiamo individuare il contribuente di fatto.

I° caso
Quando la curva di domanda e offerta sono oblique e formano una X, il contribuente di fatto è sia il produttore che il consumatore, l'imposta è a carico di entrambi.

II° caso
Quando la domanda è perfettamente rigida, ossia anelastica $\varepsilon = 0$, o l'offerta perfettamente elastica $\varepsilon = +\infty$, il contribuente di fatto è solo il consumatore.

III° caso
Quando la domanda è perfettamente elastica o l'offerta perfettamente rigida, il contribuente di fatto è solo il produttore.

Quindi all'aumentare dell'elasticità della domanda pagherà sempre più il produttore, all'aumentare dell'elasticità dell'offerta pagherà sempre più il consumatore.

11.5 CHE TIPO DI IMPOSTE CONOSCIAMO

Nel mercato dei beni la domanda rappresenta il consumatore, l'offerta, invece, rappresenta il produttore.

L'imposta può essere:
- specifica, con l'accisa specifica paghiamo un ammontare fisso per ogni unità fisica;
- *ad valorem,* l'accisa varia a seconda del valore del bene, quindi maggiore è il valore del bene e maggiore sarà la tassa.

Specifica
$$T_x = 0,10€$$

Lo Stato introduce un'imposta specifica di 10 centesimi

Prezzo x $= P_x(1,80€) + t_x(0,10€) = 1,90€ \; P_x^1$

Spesa = $P_x^1 \cdot X$ (quantità)

Gettito = $t_x \cdot P_x \cdot X$

11.6 CONTRIBUENTE DI DIRITTO

Graficamente se vediamo un'offerta che si sposta verso l'alto sappiamo che si tratta di un produttore perché l'imposta rappresenta un costo, ossia un aumento dei costi marginali. Se si sposta verso il basso (destra), sappiamo che si tratta di un consumatore perché si riduce la disponibilità a pagare.

Graficamente riconosciamo un'imposta specifica perché l'offerta si sposta parallelamente verso l'alto e la domanda verso il basso, questo accade perchè l'imposta vale per ogni unità. Con l'imposta *ad valorem* le curve ruoteranno perché l'imposta dipende dal prezzo.

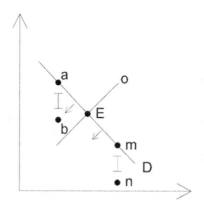

Esempio
Spostando la domanda verso il basso, da **a** a **b** sappiamo che si tratta di un consumatore, perché verso il basso, e di un'imposta specifica, perché trasla e non ruota.

Ora dimostriamo graficamente che non è importante il lato del mercato in cui viene introdotta l'imposta. Terremo in considerazione sia se il contribuente di diritto è il consumatore, sia se il contribuente di diritto è il produttore

Supponiamo come contribuente di diritto il consumatore

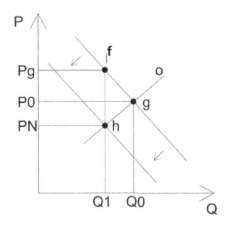

P_0: è il prezzo che paga il consumatore ed il guadagno del produttore perché non ci sono imposte

Inizialmente curva e offerta formano una X quindi sappiamo che il contribuente di fatto sono sia il produttore che il consumatore. Sappiamo che si tratta di un'imposta specifica (dato).

Inserendo l'imposta la curva di domanda va verso il basso ed il nuovo equilibrio sarà **h**. Dobbiamo individuare il nuovo prezzo del consumatore e del produttore.

I prezzi si leggono sulle curve originarie.

Per il produttore il nuovo prezzo sarà **PN** (il prezzo netto) e ci troviamo sulla curva originaria dell'offerta. Proiettando **h** sulla curva di domanda originaria avremo **f** che indicherà il nuovo prezzo del consumatore P_g. Il segmento $P_g P_n$ (**f - h**) indica il valore dell'imposta $P_g - P_n = T$.

$P_g P_0 = T$ che grava solo sul consumatore

$P_n P_0 = T$ che grava solo sul produttore

Area $P_n P_g f h$: gettito

Triangolo **fgh**: eccesso di pressione

C'è traslazione perché l'imposta non se la addossa tutta il consumatore, non c'è coincidenza fra contribuente di diritto (consumatore) e contribuente di fatto (consumatore e produttore insieme), è parziale e va all'indietro (contribuente di diritto=consumatore=indietro, consumatore di fatto=produttore=avanti).

Supponiamo come contribuente di diritto il produttore

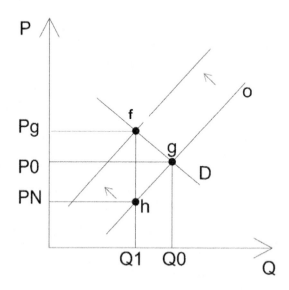

Questa volta consideriamo il produttore come contribuente di diritto, consideriamo sempre un'imposta specifica e quindi a traslare sarà la curva dell'offerta verso l'alto e parallelamente. Questa volta troveremo prima **f** perché ci troveremo sulla curva originaria della domanda che ci indicherà il nuovo prezzo del consumatore P_g, proiettiamo **f** sulla curva originaria dell'offerta e troveremo **h** che ci indicherà il prezzo del produttore. Quindi avremo stessi equilibri e stesso gettito del grafico precedente. Stesso discorso vale per la traslazione, infatti avremo una traslazione parziale ma, a differenza del grafico precedente, sarà in avanti.

Abbiamo dimostrato che non è importante chi è il contribuente di diritto perché il contribuente di fatto sarà sempre lo stesso (entrambi) e l'incidenza economica è la stessa.

Per far pagare più al produttore l'offerta ruoterà divenendo più ripida oppure la domanda più elastica; se avvengono entrambe le cose si velocizzerà l'effetto.

Offerta perfettamente verticale (ipotesi in cui il contribuente di diritto è il consumatore)

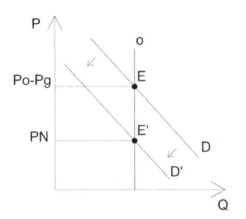

ε: equilibrio in assenza di tassazione
ε^1: prezzo netto del produttore
P_g: quanto paga il consumatore

Lo Stato introduce un'imposta specifica e visto che il contribuente di diritto è il consumatore, la curva di domanda trasla verso il basso D_1.

Essendo $P_g = P_0$ per il consumatore non cambia nulla rispetto all'inizio, l'imposta graverà tutta sul produttore il cui prezzo si ridurrà dell'ammontare dell'imposta. Il produttore sarà il contribuente di fatto.

In questo caso c'è traslazione, è completa e va all'indietro. Se per ipotesi il contribuente di diritto fosse stato il produttore non si sarebbe verificata la traslazione.

Offerta perfettamente elastica (ipotesi in cui il contribuente di diritto è il consumatore)

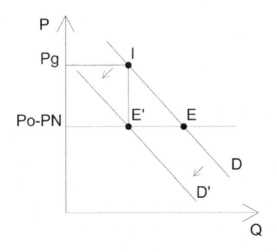

ε è l'equilibrio iniziale e ci troviamo difronte a una imposta specifica quindi la domanda è verso il basso. ε^1 leggo P_n (prezzo produttore) a cui non cambia nulla perché è uguale a quello iniziale $P_n = P_0$, proiettiamo ε^1 sulla curva originaria di domanda l e P_g indica il prezzo del consumatore, quindi P_g aumenta dello stesso prezzo dell'imposta: $P_g = P_n + T$.

Se per ipotesi il contribuente di diritto fosse stato il produttore avremmo avuto una transazione e sarebbe stata completa ed in avanti.

11.7 IMPOSTA SUL SALARIO

Cosa succede se introduco un'imposta sul mercato del lavoro? In questo caso dobbiamo ricordarci che chi domanda è il datore di lavoro, chi offre è il lavoratore. Quindi si parlerà di traslazione in avanti se avviene dal lavoratore al datore, in indietro se avviene dal datore al lavoratore.

L'imposta grava tutta sul lavoratore se l'offerta è perfettamente rigida (anelastica) o la domanda perfettamente elastica. L'imposta grava tutta sul datore se la domanda è perfettamente rigida (anelastica) o se l'offerta è perfettamente elastica.

Imposta tutta sul lavoratore, offerta perfettamente rigida

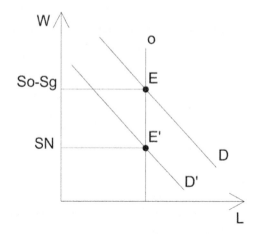

W: salario (ragioniamo in termini di salario orario)
L: ore di lavoro (ragioniamo in termini di salario orario)
S_0: salario iniziale in assenza di tassazione. In questo caso il salario netto ed il salario lordo coincidono. Quando c'è differenza fra netto e lordo parliamo di cuneo fiscale.

$\varepsilon \varepsilon^1$: segmento che rappresenta il valore dell'imposta

Se lo Stato introduce un'imposta sul salario sappiamo che il contribuente di diritto è il datore di lavoro ma quello di fatto è il lavoratore. Nel mercato del lavoro un'imposta sul salario, essendo proporzionale, aumenta ad ogni ora di lavoro, la curva di domanda ruota verso il basso D_1; se fosse stata in somma fissa l'imposta non variava a seconda delle ore, come invece avviene per l'imposta specifica. ε^1 è il nuovo equilibrio e trovandoci sulla curva di offerta originaria ci dirà il salario nuovo del lavoratore, ossia quello netto $S_n = S_0 - T$.

Proiettando ε^1 sulla domanda originaria ricaveremo quanto costa al datore, il punto S_g.

Come vediamo $S_g = S_0$ perché al datore non cambia nulla poiché l'imposta grava tutta sul lavoratore.

Abbiamo traslazione, è completa e va all'indietro poiché va da chi domanda (il datore) a chi offre (il lavoratore).

11.8 LA TASSAZIONE DEL CAPITALE IN UN'ECONOMIA GLOBALE

Cosa accade se tassiamo il capitale? Chi domanda capitale è chi necessita di una certa somma, chi offre invece lo cede, ad esempio un'impresa o un individuo chiede capitale mentre la banca cede capitale.

In concorrenza perfetta la curva d'offerta è perfettamente orizzontale, l'imposta grava tutta su chi domanda capitale. In questo tipo di mercato parliamo di arbitraggio perché il tasso di interesse deve essere uguale in tutto il mondo; questo è definito **Tasso d'Interesse Mondiale.**

Esempio

Chi offre vuole un tasso d'interesse del 5%, lo Stato mette una tassa sul capitale del 2%. Chi offre vorrà far ricadere la tassa su chi domanda e quindi alza il tasso d'interesse al 7%.

Cosa succede se non ci troviamo in concorrenza perfetta?

Monopolio

Il monopolio è un mercato dove vi è una sola impresa la quale è libera di praticare un qualunque prezzo (Price Maker), l'impresa sa però che non può mettere un prezzo troppo alto perché altrimenti la domanda si riduce. L'obiettivo del monopolista è massimizzare il profitto ossia **RMG=CMG**.

Capitolo XI – *Tassazione e distribuzione del reddito*

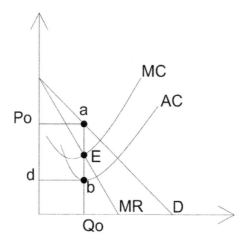

AC: costo medio ed è prima decrescente e poi crescente
MC: costo marginale e passa per il punto di minimo di AC (punto più basso)
MR: ricavo marginale
MC: costo marginale

La curva del ricavo marginale sta sempre al di sotto della domanda e partirà dallo stesso punto della domanda perché ha la stessa intercetta verticale, l'intercetta orizzontale invece sarà la metà dell'intercetta orizzontale della domanda. Lungo la domanda leggiamo sempre il ricavo medio, il prezzo (in concorrenza perfetta) e il RMG. Nel monopolio, invece, il RMG è rappresentato da un'altra curva (appunto RMG).

L'obiettivo del monopolista è massimizzare il profitto ossia RMG=CMG quindi dove il ricavo marginale **MR** incontra il costo marginale **MC** ossia il punto **ε**. Se proiettiamo **ε** fino alla curva di domanda ci troveremo **a** che ci dice il prezzo P_0 e la quantità Q_0 che massimizza il profitto.

Calcoliamo il profitto:

$$\pi = RT - CT \quad \rightarrow \quad RT = P \cdot Q$$

$$CT = AC \cdot Q$$

RT: ricavo totale
CT: costo totale

Per calcolare l'area del profitto cominciamo moltiplicando P · Q (RT): il risultato è l'area $P_0 - a - Q_0 - O$. Ora dobbiamo calcolare il costo medio che, dati i presupposti P_0 e Q_0, è il punto **b**, ossia la proiezione di Q_0 sulla curva di costo medio **AC**. Proiettiamo il punto **b** sull'ordinata ed il segmento **O-d** ci indica il costo medio. La quantità è il segmento $O - Q_0$. Moltiplicando $Od \cdot OQ_0$ otterremo il costo totale. Sottraendo ai ricavi totali i costi totali $RT - CT = \pi$ avremo il profitto ossia l'area **c-a-b-d**.

Cosa accade se introduco un'imposta specifica nel monopolio?

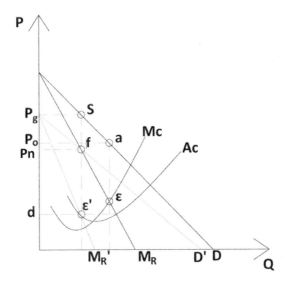

$$\pi \max = RMG = CMG$$

Stesso grafico di prima, adesso però lo Stato stabilisce un'imposta specifica e il contribuente di diritto è il consumatore (presupponiamo), quindi la curva di domanda si sposta parallelamente verso il basso. Trattandosi di monopolio, oltre la domanda si sposterà anche il RMG (MR) → D^1 e MR^1.

Il monopolista anche qui deve massimizzare il profitto ossia dove la MR^1 incontra la **MC** ossia nel punto ε^1.

Sulla curva di domanda originaria **D** leggiamo il nuovo prezzo del consumatore, quindi proiettiamo ε^1 fino alla curva di domanda originaria e mi trovo P_g ossia il nuovo prezzo del consumatore.

Sulla nuova curva di domanda leggo il prezzo netto del monopolista, quindi proiettiamo ε^1 fino alla nuova curva di domanda D^1 e ci troveremo il punto **f** che ci indica il nuovo prezzo del monopolista P_n → $P_n = P_g - T$.

La conclusione, quindi, è che se introduciamo un'imposta specifica nel monopolio i contribuenti di fatto saranno sempre entrambi.

Oligopolio

Nell'oligopolio abbiamo un numero limitato di imprese, cosa accade se introduciamo un'imposta specifica? Dipende da come operano e decidono le imprese.

IMPRESA A: vende a 10,00€
IMPRESA B: vende a 10,00€

Se lo Stato mette l'imposta, le due imprese possono agire diversamente, ad esempio l'impresa A decide di alzare il prezzo a 15,00€ mentre l'impresa B decide di rimanere lo stesso a 10,00€ puntando di sottrarre clienti all'altra impresa. L'impresa A, però, può anche decidere di non alzare i prezzi e così l'impresa B sarà costretta a fare lo stesso. Infine possiamo avere un terzo caso, il più probabile, ossia il **cartello** che consiste nel fatto che le due imprese si mettono d'accordo sul prezzo da applicare. Cosa accade se introduciamo un'imposta specifica nell'oligopolio e le imprese formano un cartello?

Supponiamo che per massimizzare il profitto P=15,00€ e Q=10 unità; con il cartello l'impresa è incentivata a non rispettare l'accordo così da aumentare i profitti. Per fare ciò aumentiamo la quantità prodotta e riduco i prezzi, quindi ci troveremo una quantità superiore a quella che massimizza il profitto.

P ↓ e Q=15 unità (defezionare: aumentare la quantità)

Con la tassazione entrambe vorranno traslare/addossare l'imposta sul consumatore, per fare ciò aumenteranno il prezzo. Aumentare il prezzo comporta la diminuzione della quantità domandata, quindi mentre negli altri mercati la tassazione è negativa, nell'oligopolio è positiva perché se non rispettiamo l'accordo (aumentando la quantità) le imposte faranno ridurre le quantità avvicinandole alla quantità stabilita all'inizio.

P ↓ = $\Delta P = 0$
Q=15 unità → tassa → Q=13 unità

Imposta sui profitti

Concorrenza perfetta	Imposta specifica A carico del consumatore	Imposta sui π Profitto=0 quindi non li possiamo tassare
Monopolio	A carico di consumatore e produttore	Ci sono profitti e si agisce per massimizzarli, se lo Stato introduce un'imposta del 50% sui nostri profitti tenderemo ad aumentare i prezzi; se facciamo questo la tassa graverà sul consumatore ma diminuisce la quantità venduta quindi i produttori decideranno di non far nulla e la tassa graverà sul produttore.
Oligopolio	Dipende	Produttore

11.9 LE IMPOSTE NEL CASO DI FATTORI FISSI: CAPITALIZZAZIONE DELL'IMPOSTA

Si parla di capitalizzazione dell'imposta quando c'è il trasferimento dell'onere dell'imposta sul prezzo di mercato del bene immobile (terreno o fabbricato)

Esempio

$$PR = R_0 + \frac{R_1}{1+R} + \frac{R_2}{(1+R)^2} + \frac{R_3}{(1+R)^3} \ldots \ldots \frac{R_T}{(1+R)^T}$$

PR: canone massimo che siamo disposti a pagare
1 + R: valore attuale del canone che dovremo versare tra un anno
(1 + R)²: valore attuale del canone che dovremo versare tra due anni
R: tasso d'interesse (dato)
Valore attuale: ci dice la cifra che dovrò pagare in futuro in base al valore attuale

Terreni e fabbricati sono i fattori fissi e rappresentano una curva d'offerta perfettamente rigida, quindi l'imposta grava tutta sull'offerente ovvero il proprietario del terreno.

Nel decimo anno se il canone sarà $\frac{R_{10}}{(1+R)^{10}}$, se il valore dei flussi è, ad esempio, 12.000,00€ l'individuo sarà disposto a pagare al massimo 12.000,00€ e quindi $\frac{R_{10}}{(1+R)^{10}} \leq 12.000,00€$.

Cosa accade se introduciamo un'imposta sui valori fissi?

Se la curva d'offerta è perfettamente rigida, l'imposta graverà tutta sull'offerente (proprietario del terreno). Al canone che l'affittuario paga ogni anno si dovrà sottrarre l'imposta.

$$PR = R - U_0 + \frac{R - U}{1 + R} + \frac{R_2 - U_2}{(1 + R)^2} \cdots \cdots \frac{R_T - U_T}{(1 + R)^T}$$

L'acquirente sarà disposto a pagare la cifra ottenuta sottraendo U

In conclusione possiamo quindi affermare che se introduciamo un'imposta sui fattori fissi, dato che la curva di offerta è perfettamente rigida, l'imposta graverà sull'offerente.

Per la capitalizzazione il valore dell'imposta graverà sul valore del bene e ciò comporterà una riduzione del valore dello stesso ammontare delle imposte che dovrà versare.

Capitolo Dodicesimo
Eccesso di pressione

L'eccesso di pressione è la perdita di benessere, o costo sociale, o onere addizionale che si verifica quando è introdotta un'imposta distorsiva.

L'imposta distorsiva si manifesta quando modifica il rapporto tra i prezzi relativi; quando avviene ciò cambia anche il saggio marginale di sostituzione (SMS) e il saggio marginale di trasformazione, ossia le condizioni di efficienza paritiana. Non tutte le imposte generano eccesso di pressione come ad esempio le imposte a somma fissa o Lump-Sun che non alterano il rapporto fra i prezzi.

L'imposta distorsiva altera le preferenze del consumatore e sia nel caso di imposta specifica (accisa) che nel caso di imposta *ad valorem* (IVA) possiamo parlare di imposte distorsive.

Se introduciamo un'imposta distorsiva il prezzo del bene aumenta e ci saranno due effetti:

- **effetto di sostituzione,** si andrà a sostituire il bene relativamente più caro con il bene relativamente meno caro;
- **effetto reddito,** intendiamo il potere di acquisto, quindi aumenta il prezzo e il consumatore acquisterà meno quantità di beni nella stessa proporzione (10 mele, 10 pere → P ↑→ 8 mele, 8 pere).

L'imposta non distorsiva è un'imposta in somma fissa o Lump-Sun, con tale imposta si tassa qualcosa che è indipendente dalle scelte dell'individuo, non altera le sue scelte perché qualunque siano, la tassa rimane sempre la stessa. Con l'imposta in somma fissa abbiamo solo un effetto reddito, ossia la riduzione del nostro potere d'acquisto in quanto influisce direttamente sul nostro reddito.

Imposta distorsiva: vincolo di bilancio ruota
Imposta non distorsiva vincolo di bilancio trasla

Per individuare l'eccesso di pressione dobbiamo chiederci se l'imposta modifica il rapporto tra i prezzi.
Confrontando gli effetti dell'imposta distorsiva e non distorsiva possiamo dire che l'eccesso di pressione è influenzato dall'effetto di sostituzione il quale avviene

quando cambiamo i prezzi che generano un cambio nel rapporto e quindi muta la condizione di efficienza paretiana.

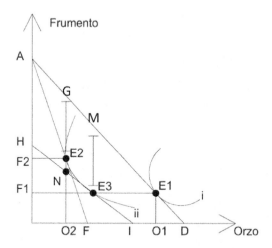

Abbiamo due beni, frumento e orzo **(F-O)**. Inizialmente abbiamo il vincolo di bilancio **AD** ossia la combinazione fra prezzo e reddito. La scelta ottima si individua con la tangenza della curva d'indifferenza **i** e il vincolo di bilancio cioè nel punto ε_1.

F_1 e O_1 sono le quantità ottime. L'inclinazione del vincolo nel punto ε_1 ci dice il rapporto tra i prezzi:

$$\frac{P_o}{P_f} = MRS = \frac{1}{1}$$

Lo Stato introduce un'imposta distorsiva sull'orzo di 1,00€, quindi P_o^1=2,00€.

Il vincolo ruoterà all'interno, perché varia il prezzo di un solo bene, quindi ΔF. Il vincolo di equilibrio ci mostra che il soggetto tenderà ad acquistare più frumento, quindi potremo prendere qualsiasi punto al di sopra di ε_1 sul nuovo vincolo ε_2.

F_2 e O_2 sono le nuove quantità.

A questo punto abbiamo la nuova curva d'indifferenza **ii** dove notiamo che si trova più vicina all'origine rispetto alla curva d'indifferenza **i** perché aumentando i prezzi diminuisce la nostra utilità. In ε_2 la nuova condizione di tangenza sarà:

$$\frac{P_o^1}{P_f} = MRS = \frac{2}{1}$$

Come possiamo notare muta il rapporto che prima era 1/1. Da ε_1 a ε_2 il suo reddito non cambia. Partendo da ε_1 vogliamo portare l'individuo sulla curva **ii** senza variare il prezzo e quindi varierò il suo reddito. Ridurre il reddito significa rimanere con il rapporto 1/1 e traslare il vincolo parallelamente verso il basso fin quando il nuovo vincolo sarà tangente alla curva d'indifferenza **ii**.

Il nuovo vincolo sarà **HI** e il nuovo equilibrio sarà ε_3 (il nuovo vincolo deve essere tangente ad **ii**).

Per spostarlo quanto reddito abbiamo diminuito? La diminuzione è rappresentata dalla distanza verticale fra i due vincoli di bilancio.

L'inclinazione è sempre

$$\frac{P_o}{P_f} = MRS = \frac{1}{1}$$

La **variazione equivalente** è la variazione del reddito che produce lo stesso effetto sull'utilità di una variazione del prezzo di un bene, ossia o aumenta il prezzo dell'orzo o diminuisce il mio reddito è indifferente ossia $\varepsilon_3 M$.

Il **gettito** è la distanza verticale tra i due vincoli ruotati ed è il gettito derivante dall'imposta distorsiva $\varepsilon_2 G$. Con il gettito lo Stato prende ma poi cede qualcosa indietro

$$V.E > G = E.P. \rightarrow E.P. = V.E. - G$$

$$(\varepsilon_3 M - \varepsilon_2 G)$$

G: gettito
E.P.: eccesso di pressione
$\varepsilon_3 M$: quanto lo Stato sottrae all'individuo con la tassazione
$\varepsilon_2 G$: quanto lo Stato restituisce

Graficamente vediamo che $\varepsilon_3 M$ è maggiore di $\varepsilon_2 G$. Di quanto è maggiore? Teniamo in considerazione che due parallele hanno stessa distanza verticale quindi consideriamo **GN** (che è uguale a $\varepsilon_3 M$) e l'eccesso è rappresentato da $\varepsilon_2 N$ (che rappresenta la perdita di utilità). Ciò avviene quando **V.E.>G**.

In ε_2 c'è eccesso di pressione perché **V.E.>G**.

Come si tassa il reddito?

Il reddito si tassa con l'imposta non distorsiva, in ε_1 non c'è tassazione, se lo Stato introduce un'imposta non distorsiva passerò direttamente in ε_3.

Il gettito sarà $\varepsilon_3 M$ quindi **V.E.=G** quindi non c'è pressione fiscale (non c'è la "n" sotto che rappresentava l'eccesso di pressione).

Cosa accade se tasso l'orzo ma la domanda è perfettamente anelastica?

Prendo sempre la stessa quantità (non cambia) e ci sarà eccesso di pressione perché varia il rapporto.

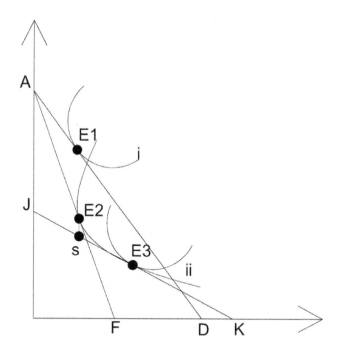

ε_1: equilibrio iniziale

ε_2: nuovo vincolo con equilibrio ruotato

Essendo la domanda anelastica continuerà a consumare la stessa quantità di orzo ma una minore quantità di frumento, il vincolo ruoterà come in precedenza.

Il gettito è la distanza verticale tra ε_1 e ε_2.

Con la variazione del reddito abbiamo la traslazione del vincolo di bilancio **AD** in **KJ**, calcoliamo la variazione equivalente ossia la distanza verticale del vincolo **AD** e quello traslato **KJ** ossia il segmento $\varepsilon_2 R$ che si può anche leggere $\varepsilon_1 S$.

$\varepsilon_2 S$: eccesso di pressione.

Quindi abbiamo dimostrato che anche se la domanda di un bene è perfettamente anelastica, abbiamo eccesso di pressione perché essa dipende dal rapporto dei prezzi e non dalla quantità (elasticità).

A parità di utilità all'individuo conviene un'imposta distorsiva o un'imposta non distorsiva?

La risposta è che risulta indifferente. A parità di utilità allo Stato, invece, conviene un'imposta non distorsiva perché il gettito è maggiore.

A parità di gettito?

All'individuo conviene un'imposta non distorsiva perché il suo livello di utilità è maggiore.

12.1 COME SI CALCOLA L'ECCESSO DI PRESSIONE

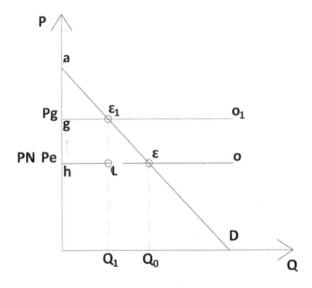

In concorrenza perfetta abbiamo offerta orizzontale e domanda normale. Presupponiamo che il contribuente di diritto sia il produttore, quindi l'offerta trasla verso l'alto O_1, l'imposta è pari ad $\varepsilon_1 L$.

P_g è il prezzo del consumatore perché sta sulla domanda originaria e quindi possiamo anche dire $P_g = P_e + T$.

Il prezzo del produttore lo leggiamo sull'offerta originaria ed è noto **PN** = **P$_e$**.

Per calcolarci l'eccesso di pressione dobbiamo verificare prima il surplus del consumatore senza tassazione e poi con la tassazione. L'area che si trova al di sopra della linea dei prezzi e al di sotto della curva di domanda **ahe** è il surplus prima della tassazione; l'area **aε_1g** è il surplus dopo la tassazione.

Di quanto varia il surplus del consumatore?

$$ahe - a\varepsilon_1 = gh\varepsilon\varepsilon_1$$

gh$\varepsilon\varepsilon_1$: rappresenta la perdita di surplus del consumatore

Il gettito è rappresentato dall'area **ghLε_1**, visto che lo Stato il gettito che guadagna può ridarlo ai consumatori, si perderà solo **$\varepsilon_1\varepsilon$L** ossia l'eccesso di pressione.

$$E.P. = \Delta SC - G$$

ΔSC è il surplus del consumatore
ΔSC > G: eccesso di pressione
ΔSC = G: no eccesso di pressione

L'eccesso di pressione è la perdita di surplus.

Calcolo

L'eccesso è un triangolo quindi vale la formula $\frac{b \cdot h}{2}$ dove la base è **ΔQ** e l'altezza è **ΔP**, quindi possiamo scrivere anche $\frac{\Delta Q \cdot \Delta P}{2}$.

ΔP è l'incremento del prezzo ossia l'ammontare dell'imposta, quindi **ΔP** può anche essere scritto **t · P**.

Per calcolare **ΔQ** dobbiamo esplicitarlo in base all'elasticità della domanda, quindi:

$$\varepsilon_D = \frac{\frac{\Delta Q}{Q}}{\frac{\Delta P}{P}}$$

$$\downarrow$$

$$\frac{\frac{\Delta Q}{Q}}{\frac{\Delta P}{P}} = \varepsilon_D$$

$$\downarrow$$

$$\frac{\Delta Q}{Q} \cdot \frac{P}{\Delta P} = \varepsilon_D$$

$$\downarrow$$

$$\frac{\frac{\Delta Q}{Q} \cdot \frac{\cancel{P}}{\cancel{\Delta P}}}{\frac{P}{\Delta P}} = \frac{\varepsilon_D}{\frac{P}{\Delta P}}$$

$$\downarrow$$

$$\frac{\Delta Q}{Q} = \frac{\varepsilon_D}{\frac{P}{\Delta P}}$$

passo $\frac{P}{\Delta P}$ al numeratore e avremo

$$\frac{\Delta Q}{Q} = \varepsilon_D \cdot \frac{\Delta P}{P}$$

moltiplico tutto per Q così da eliminare il denominatore

$$\frac{\cancel{Q}\Delta Q}{\cancel{Q}} = \varepsilon_D \cdot \frac{\Delta P}{P} \cdot Q$$

sappiamo che $\Delta P = t \cdot P$ e quindi

$$\Delta Q = \varepsilon_D \cdot \frac{t \cdot \cancel{P}}{\cancel{P}} \cdot Q$$

$$\downarrow$$

$$\Delta Q = \varepsilon_D \cdot t \cdot Q$$

Quindi $\frac{b \cdot h}{2}$ che era $\frac{\Delta Q \cdot \Delta P}{2}$ diventa

$$\frac{t \cdot P \cdot \varepsilon_D \cdot t \cdot Q}{2} = \frac{P \cdot \varepsilon_D \cdot Q \cdot t^2}{2}$$

Q: quantità di partenza
t^2: imposta
N.B.: **ε_D** ossia l'elasticità è in valore assoluto

L'eccesso dipende dal prezzo, se aumenta il prezzo anche l'eccesso di pressione aumenta.

Se aumenta l'elasticità, aumenterà anche l'eccesso; l'elasticità misura di quanto varia la quantità domandata al variare del prezzo; più è elastica e più è ampia la base del nostro triangolo.

Se cresce l'imposta da pagare cresce anche l'altezza del nostro triangolo, l'eccesso dipende dal quadrato dell'aliquota.

Se raddoppia l'aliquota, l'eccesso si quadruplica, raddoppierebbe se parlassimo di **t** e non di **t^2**.

Esempio

Per semplicità assegno a tutti gli altri valori 1

$$\frac{P(1) \cdot \varepsilon_D(1) \cdot Q(1) \cdot t^2}{2}$$

quindi mi rimarrebbe solo

$$E.P. = \frac{t^2}{2}$$

facciamo $t^2 = 10$ → $\frac{10^2}{2} = 50$, se l'aliquota raddoppia avremo $\frac{20^2}{2} = \frac{400}{2} = 200$ ossia si è quadruplicato l'eccesso di pressione (da 50 a 200) al raddoppio dell'aliquota (da 10 a 20).

Supponiamo di avere due beni, x ed y, e sono beni indipendenti. lo Stato deve decidere se tassare entrambi i beni o se tassarne solo uno; quindi o tassa un bene al 20% oppure ciascun bene al 10%:

- supponiamo $t = 20\%$ → $E.P. = \frac{20^2}{2} = \frac{400}{2} = 200$ (considerando sempre gli altri valori uguali a 1);
- supponiamo $t_x = 10\%$ e $t_y = 10\%$ → $E.P. = \frac{10^2}{2} = 50$ e $E.P. = \frac{10^2}{2} = 50$: quindi 50+50=100.

Come possiamo vedere conviene tassare entrambi i beni perché complessivamente ha un eccesso di pressione che vale la metà di quello derivante dalla tassazione di un solo bene.

12.2 TEORIA DEL SECOND BEST

Se due beni sono indipendenti, tassando un bene che prima non era tassato comporterà un aumento dell'eccesso di pressione. Se uno dei beni era già tassato, gli eccessi di pressione andranno sommati.
Se i due beni sono dipendenti, vale la stessa regola? Dipende.
La teoria del **second best** afferma che l'efficienza di un tributo non può essere considerata isolatamente. Se esistono altri mercati che presentano distorsioni e i beni sono fra loro correlati, l'incidenza complessiva dipende da ciò che accade in tutti i mercati, quindi non bisogna calcolare gli eccessi di pressione separatamente e sommarli.

Esempio

Inizialmente tassiamo solo il GIN, quindi avrò un eccesso di pressione solo del GIN.
Se tasso un bene ad esso complementare come il RUM, come si comporta l'eccesso di pressione complessivo? Dipende. Se fossero indipendenti sommeremmo gli eccessi di pressione derivanti dalle imposte, essendo dipendenti, invece, tassando il RUM il consumatore diminuirà il suo acquisto e comprerà più GIN.; quindi tassando il RUM avrò un nuovo eccesso di pressione del GIN.
In sostanza se due beni sono sostituibili, tassare un nuovo bene non significa aumentare l'eccesso di pressione complessivo, che addirittura potrebbe diminuire.

12.3 ECCESSO DI PRESSIONE CREATO DA SUSSIDIO

Ci accorgiamo se c'è pressione se varia il rapporto fra i prezzi. Il prezzo in presenza di sussidio diminuisce, quindi varia il rapporto fra i prezzi e ciò significa che c'è eccesso di pressione.
Col sussidio non parliamo più di contribuente di diritto e di fatto ma bensì di beneficiario di diritto e di fatto.

Esempio

Una concessionaria riceve sussidi dallo Stato per ogni macchina che vende, un sussidio pari a 2.000,00€. Se prima una macchina la vendeva a 20.000,00€, adesso la potrà vendere anche a 18.000,00€ in quanto con il sussidio dello Stato di 2.000,00€ raggiunge, comunque, i 20.000,00€ iniziali però può guadagnarci perché diminuendo il prezzo aumenterà la domanda.

Se invece non ha bisogno di aumentare la domanda, il concessionario può lasciare il prezzo a 20.000,00€ e aggiungere i 2.000,00€ di sussidio.

Inoltre potrà anche decidere di vendere la macchina a 19.000,00€ così da incassare parte del sussidio.

Come possiamo vedere, nel primo caso il beneficiario del sussidio sarà il consumatore, nel secondo caso sarà il produttore (concessionario) e nel terzo caso saranno entrambi.

Il sussidio è a beneficio del consumatore quando la domanda è perfettamente rigida o l'offerta perfettamente elastica, il sussidio è a beneficio del produttore quando l'offerta è perfettamente rigida o la domanda perfettamente elastica. Se le curve si incrociano sarà a favore di entrambi.

Come si calcola

Presupponiamo un sussidio per chi acquista casa in un mercato a concorrenza perfetta. L'offerta in tale mercato è perfettamente orizzontale (elastica) quindi il beneficiario di fatto è il consumatore.

Presupponiamo inoltre che il beneficiario di diritto sia invece il produttore.

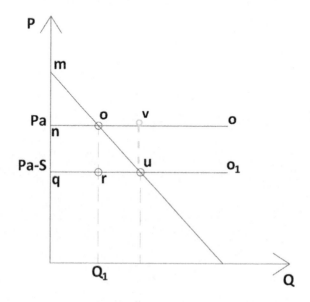

O: equilibrio

Pa: prezzo iniziale
Q₁: quantità iniziale
N.B. O, Pa e Q_1 sono in assenza di sussidio
O₁: nuova offerta
U: nuovo punto di equilibrio

Lo Stato inserisce un sussidio specifico ed essendo il contribuente di diritto il produttore, la curva d'offerta trasla verso il basso, se fosse stato il consumatore il contribuente di diritto sarebbe stata la domanda a traslare verso l'alto.

Trovandoci sulla curva originaria della domanda, troviamo il prezzo del consumatore **Pa-S** dove **S** è il sussidio che è pari alla distanza della curva d'offerta **(O-R)** poiché l'offerta si abbassa dell'ammontare del sussidio.

Pa-S: sussidio specifico

Pa(1-S): sussidio *ad valorem* perché si mette in evidenza **Pa**, quindi avremo Pa = −SPa = Pa(1 − S); abbiamo il meno col sussidio ed il più con l'imposta.

L'eccesso di pressione derivante dal sussidio si calcola considerando il surplus del consumatore:

Surplus in assenza di sussidio: **m-n-o**
Surplus dopo il sussidio: **m-q-n**

Il surplus è aumentato dell'area **n-o-u-q**

Lo Stato dovrà finanziare il sussidio e lo farà con l'aumento delle imposte o stabilendo nuove imposte. Vediamo l'ammontare complessivo del sussidio che lo Stato deve dare: **o − Q_2** è la quantità che vende il concessionario con il sussidio; **o − Q_2** coincide col segmento **q-u** quindi possiamo fare **nq · qu** dove **nq** è il valore del sussidio per ogni singola unità e **qu** è la quantità a cui dobbiamo applicare il sussidio; in questo modo ci troveremo l'ammontare complessivo del sussidio che lo Stato deve dare ossia l'area **n-v-q-u**.

Il sussidio è negativo per la collettività poiché comporta più tasse, quindi ci sarà meno benessere, infatti il sussidio è finanziato da tutti ma ne beneficerà solo chi acquista l'auto.

Quindi:

- **n-v-q-u:** ammontare complessivo del sussidio che lo Stato elargisce ma anche la perdita di benessere della collettività;
- **o-v-u:** eccesso di pressione derivante dal sussidio e anche la perdita netta della collettività;
- **n-q-u-o:** incremento del benessere del consumatore.

12.4 ECCESSO DI PRESSIONE CREATO DALL'IMPOSTA SUL SALARIO

Bisogna subito specificare che quando parliamo di salario intendiamo il rapporto fra i salari e non più dei prezzi. Se introduciamo un'imposta che tassa il salario orario, il rapporto fra i salari varia e quindi si genera eccesso di pressione.

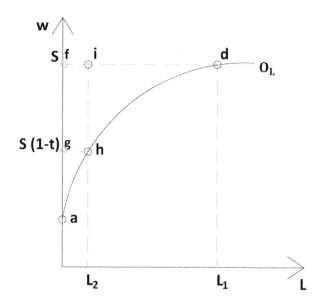

O_L: offerta lavoratore
W: salario
L_1: ore di lavoro

Il surplus del lavoratore è l'area **afd** quando il salario è pari ad **S**. Per calcolare il nuovo salario:

$$\text{salario inziale} \leftarrow S - t \cdot S = S(1 - t) \rightarrow \text{imposta proporzionale}$$
$$\downarrow$$
$$\text{salario dopo le imposte}$$

Se il salario diminuisce, il lavoratore vorrà pagare meno, quindi il nuovo surplus sarà l'area **agh**, il surplus si è ridotto dell'area **fdhg**, quindi:

$$\Delta S_L = fdhg$$

ΔS_L: surplus del lavoratore

Il gettito, ossia l'imposta per ogni ora di lavoro, è rappresentato da **fg o L_2 (gh) = fghi**

Confrontiamo il gettito **(fghi)** con la riduzione di surplus **(fdhg)**; poiché lo Stato parte dal gettito lo restituisce, avremo **fghi − fdhg = hid** che rappresenta l'eccesso di pressione derivante dall'imposta sul salario, in pratica non facciamo altro che sottrarre al surplus il gettito.

12.5 TASSAZIONE DIFFERENZIALE DEGLI INPUT

Dobbiamo vedere come suddividere il lavoro tra mercato e casa in modo da massimizzare il profitto. Ci troviamo in concorrenza perfetta quindi il salario è uguale per tutti e la condizione di massimizzare si ha quando si eguagliano le produttività marginali.

$$W_c = W_m \quad \rightarrow \quad VMP_c = VMP_m$$

W_c: salario casalinga

W_m: salario mercato del lavoro

VMP_c: valore produttività marginale

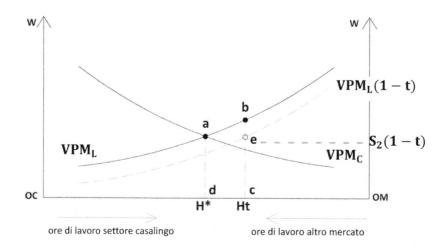

Avremo ai due estremi l'origine della casalinga (O_c) e l'origine dell'altro mercato (O_m).

Disegniamo la curva **VMP** della casalinga che sarà decrescente perché più assumiamo persone più la produttività diminuisce (ore di lavoro). Poi disegniamo anche la curva **VMP** dell'altro mercato

$$a = W_c = W_m \quad \rightarrow \quad VMP_c = VMP_L$$

H^* rappresenta l'uguaglianza della produttività marginale ossia il punto di massimizzazione del profitto. $O_c \cdot H^*$ rappresenta le ore di lavoro del settore casalingo, mentre $O_m \cdot H^*$ rappresenta le ore di lavoro dell'latro mercato.

Se lo Stato tassa un solo mercato, ad esempio quello del mercato del lavoro, l'imposta essendo proporzionale comporterà una rotazione di **VMP**.

VMP ruotato è il nostro nuovo valore della produttività marginale sottraendo le imposte. Il nuovo equilibrio sarà rappresento dal punto **e**.

$H^* \cdot Ht$ rappresenta l'incremento delle ore di lavoro del mercato casalingo, graficamente mi troverò più ore di lavoro del mercato casalingo e il nuovo salario sarà $S_2(1-t)$.

Quanto aumenta l'output del settore casalingo passando da **H*** a **Ht?** La risposta è rappresentata dall'area **adce,** di conseguenza nell'altro mercato parliamo di decremento ed è rappresentato dall'area **abcd.**

abcd > adce   →   **abc** = eccesso di pressione derivante dalla tassazione differenziale

Capitolo Tredicesimo
Tassazione: trade off tra equità ed efficienza

L'eccesso di pressione si verifica solo se l'imposta è distorsiva, ossia comporta una variazione del rapporto.
Consideriamo due beni indipendenti, gli eccessi sappiamo che si sommano.
Come eliminare l'eccesso di pressione? L'eccesso di pressione non si verifica se abbiamo un'imposta fissa. Nel nostro paniere non abbiamo solo i beni x ed y ma anche il tempo libero.
È possibile eliminare l'eccesso di pressione? Si se lo Stato con un'imposta a somma fissa tassa sia i beni che il tempo libero. Nei fatti però questo non è possibile perché non si può tassare il tempo libero, quindi un minimo di eccesso di pressione ci sarà sempre.

Corlett-Hauge

Dal momento che non possiamo tassare direttamente il tempo libero, lo faremo indirettamente tassando dei beni complementari al tempo libero, come ad esempio l'abbonamento in palestra ecc.

13.1 REGOLA DI RAMSEY

Ramsey considera due beni indipendenti fra loro, x ed y, quindi essendo difronte a due beni indipendenti dobbiamo tassarli entrambi per ridurre l'eccesso di pressione. Come li tassiamo? Consideriamo l'elasticità della domanda.
Per comprendere bene la regola di Ramsey la dividiamo in quattro punti:

1. **obiettivo:** individuare la combinazione di aliquota tale da minimizzare l'eccesso di pressione complessivo;
2. **come fare?**: per minimizzare l'eccesso di pressione complessivo dobbiamo eguagliare gli eccessi di pressione marginali derivanti da 1,00€ di gettito. Per avere 1,00€ di gettito in più devo aumentare l'aliquota, aumentandola l'eccesso di pressione tende a crescere e l'incremento rappresenta l'eccesso di pressione marginale.

$$\frac{E.\,PMG_x}{GMRG_x} = \frac{E.\,PMG_y}{GMRG_y}$$

E.P.: area
E.PMG: segmento

3. **qual è l'implicazione economica?**: avremo che $\frac{\Delta x}{x} = \frac{\Delta y}{y}$ (variazione percentuale). La riduzione in percentuale della quantità domandata del bene x deve essere uguale alla riduzione in percentuale della quantità domandata del bene y;
4. **in che modo fissiamo le aliquote?**: ce lo dice la regola dell'**elasticità inversa (e.i.)** che ci indica in che modo dobbiamo fissare le aliquote affinché riusciamo a minimizzare l'eccesso di pressione complessivo, uguagliando gli eccessi di pressione marginali e il risultato è ridurre la domanda di entrambi i beni della stessa percentuale. Noi abbiamo un bene a domanda elastica ed un bene a domanda anelastica, se fossero stati uguali si tassavano nello stesso modo, adesso invece tasseremo di più il bene a domanda anelastica perché diminuisce di meno la quantità rispetto al bene con domanda elastica.

$$e.i. = \frac{tx}{ty} = \frac{ey}{ex}$$

$\frac{tx}{ty}$: aliquota

$\frac{ey}{ex}$: elasticità

L'implicazione economica è data dalla regola di Ramsey

$$\frac{\Delta x}{x} = \frac{\Delta y}{y}$$

Supponiamo il bene y con elevata elasticità

$$\frac{tx}{ty} = \frac{ey}{ex} \rightarrow \frac{tx}{ty} = \frac{3}{0,5}$$

A sinistra (aliquota) deve essere maggiore per rispettare l'equazione, quindi **tx** dovrà essere 6 per esempio.

tx: rigida, quindi aliquota alta
ty: elastica, quindi aliquota bassa
tx>ty

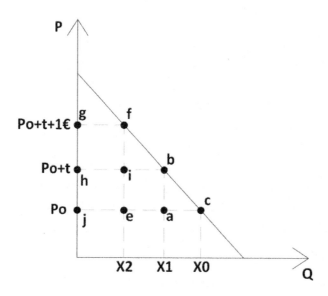

Se il prezzo del bene inizialmente è pari a P_0, la quantità sarà X_0. Lo Stato introduce un'imposta, supponiamo specifica, sul bene x; il nuovo prezzo sarà $P_0 + t$, la nuova quantità sarà X_1, l'eccesso di pressione sarà il triangolo **abc**.

Se lo Stato aumenta l'imposta di 1,00€ sarà $P_0 + t$ (imposta che già c'era) + 1,00€; il nuovo eccesso di pressione sarà il triangolo **fec**, l'eccesso di pressione marginale è **fbi** ed è provocato dall'incremento di 1,00€ d'imposta.

Dobbiamo trovare il gettito ossia **abhj** quando l'imposta è pari a **t**, quando è pari a **t+1,00€** è **gfej**, dovremo fare **gfhi – ibae** (che sono le parti che cambiamo tra i due gettiti). L'area **gfhi > ibae**, il gettito marginale sarà dato dalla differenza di queste due aree.

feab può essere anche scritto come Δx ossia il segmento $x_0 \cdot x_2$ cioè la variazione di quantità.
gfhi può anche scriversi $x_1 - \Delta x$ e quindi

$$\frac{EPMGx}{GMGx} = \frac{EPMGy}{GMGy} \rightarrow \frac{\Delta x}{x_1 - \Delta x} = \frac{\Delta y}{y - \Delta y} \rightarrow \frac{\Delta x}{x_1} = \frac{\Delta y}{y_1}$$

(Regola di Ramsey)

Abbiamo dimostrato graficamente la Regola di Ramsey. La regola può anche scriversi **tx · εx = ty · εy.**

Ora dobbiamo ricavarci la regola dell'E.I. dalla Regola di Ramsey:

Eliminiamo εx: $\frac{tx \cdot \cancel{\varepsilon x}}{\cancel{\varepsilon x}} = \frac{ty \cdot \varepsilon y}{\varepsilon x}$

Eliminiamo ty: $\frac{tx}{ty} = \frac{\cancel{ty}}{\varepsilon x \cdot \cancel{ty}} = \frac{tx}{ty} = \frac{\varepsilon y}{\varepsilon x}$

13.2 INCOERENZA TEMPORALE DELLE POLITICHE PUBBLCHE

Quando il settore pubblico si comporta da Leviatano, alcune regole fiscali vengono adottate per limitare l'ingerenza della tassazione, anche a costo di sacrificare l'efficienza.

Supponiamo che lo Stato decida di tassare del 10% il reddito da capitale attuale ma non quello da futuro, ciò significa che la manovra non avrà effetti sul capitale futuro. Lo Stato però non è vincolato dalla parola data ed in futuro potrà decidere di tassare. Dato che l'individuo lo sa, se considera l'annuncio del governo non credibile, non sarà incentivato a risparmiare molto perché così in futuro pagherà meno imposte. Quindi quando gli annunci di politica fiscale non sono credibili, gli individui modificano i propri comportamenti.

13.3 MONOPOLIO NATURALE

Il **monopolio puro** si verifica quando solo un'impresa possiede il brevetto o la tecnologia necessaria per produrre un determinato bene.

Il **monopolio legale** è quello che detiene lo Stato, solo lui può vendere determinati beni, come avviene per le sigarette o i liquori.

Il **monopolio naturale** si verifica quando un'impresa possiede una tecnologia tale da massimizzare i costi quando produce l'intero output.

Esempio monopolio naturale

Settori a rete: parliamo della fornitura di luce, gas, telecomunicazioni; in questi ambiti costerebbe di più creare nuovi impianti, condotti e cavi anziché pagare un canone di fitto per gli impianti già esistenti. Quindi conviene che tutto l'output sia consumato da una sola impresa per ridurre i costi. Ad esempio la rete idrica conviene che sia fornita da una sola impresa per ridurre i costi, perché più imprese significherebbe più impianti, tubature ecc.

Tubature 100,00€; Costi fissi 20,00€ (che paghiamo indipendentemente dal consumo).

Tubature 100,00€ · Appartamenti 100 = 1,00€ costo fisso per ogni appartamento.

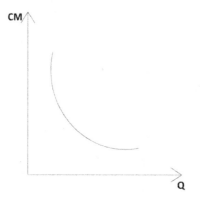

Il costo medio è decrescente perché ci troviamo in un'economia a scala, è una caratteristica di tale mercato: più produciamo e meno spendiamo.

Se vi sono due imprese A e B dove

A
B

100,00€ costi fissi
50 appartamenti

100,00€ costi fissi
50 appartamenti

Il costo fisso medio sarà di 2,00€ quindi vediamo che ci conviene la presenza di una sola impresa. La funzione dei costi è subordinata.

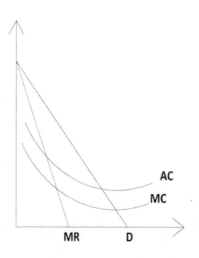

La prima curva da tracciare è quella della domanda, poi il ricavo marginale **MR**, poi la curva del costo medio **AC** che è asintoticamente decrescente; anche il costo marginale **MC** sarà decrescente perché segue sempre il costo medio. La differenza fra il costo medio ed il costo marginale è data dal costo medio fisso (rappresentato dalla distanza verticale).

CMF: costo medio fisso
AC=CMF+MC

È lo Stato che dovrà decidere il prezzo per evitare che l'impresa, per massimizzare i profitti, alzi troppo i prezzi.
Ci sono due modi per fissare i prezzi: il monopolio naturale non regolamentato dallo Stato e il monopolio naturale regolamentato dallo Stato.

Monopolio naturale non regolamentato dallo Stato

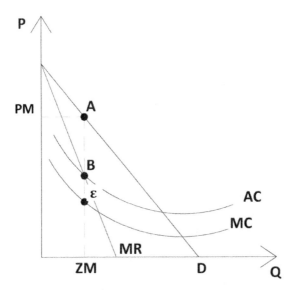

L'impresa tenderà a massimizzare i profitti **maxπ = MR = MC** (ricavo marginale=costo marginale) ossia nel punto **ε**, la quantità sarà **ZM** e il prezzo deve proiettarsi su **ε** fino alla curva di domanda e quindi **PM**.

$$\pi = (P - AC) \cdot Q$$

P: PM profitto unitario
AC: prendo la quantità e la proietto fino alla curva del costo medio, punto **B**

$$O \cdot PM - O \cdot AC = PM \cdot CM \cdot Q = PM \cdot A \cdot B \cdot AC$$

PM·CM: profitto per ogni unità che vendo
PM·A·B·AC: profitto di un'impresa in monopolio non regolamentato

È un'ipotesi che non potrà mai verificarsi perché in monopolio naturale è sempre lo Stato che deve decidere come l'impresa deve determinare il prezzo.

Monopolio naturale regolamentato dallo Stato

Ci sono due modi con cui lo Stato può imporsi:

I° modo

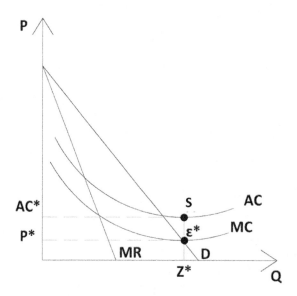

Lo Stato dice all'impresa che dovrà fissare un prezzo uguale al costo marginale, **P=MC** così da avere la quantità efficiente ε^* ossia dove la domanda incontro **MC**; Z^* è la quantità efficiente, il costo medio è la proiezione di ε^* fino ad **AC** (segmento **SZ***); $\varepsilon^* Z^*$ rappresenta quello che l'impresa sta perdendo, ossia sta vendendo ad un prezzo inferiore al costo medio.

L'area $AC^* S \varepsilon^* P^*$ rappresenta i costi fissi.

Quindi l'impresa produce una quantità efficiente ma $\pi < 0$. Lo Stato inviterà l'impresa a mantenere tale produzione e con i sussidi coprirà la perdita dell'impresa che è rappresentata dall'area dei costi fissi su detta. Il sussidio si finanzierà con le imposte che, se saranno distorsive, genereranno un eccesso di pressione.

II° modo

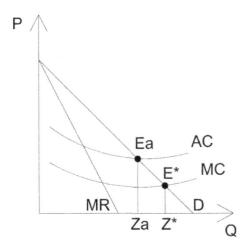

Lo Stato obbliga l'impresa a fissare un prezzo uguale al costo medio, **P=AC**, ossia dove la domanda incontra **AC** cioè nel punto **εA**. La quantità sarà inefficiente (perdiamo il segmento $Z_A Z^*$), mentre $\pi = 0$ ossia riesco a coprire tutti i costi.

Lo Stato quindi non dovrà concedere nessun sussidio e quindi non ci saranno nuove imposte, l'aspetto negativo è che ci saranno persone che non riusciranno a pagare il bene.

Quale modo conviene? Se lo Stato non vuole dare sussidio il secondo caso è quello adatto, se lo Stato vuole ottenere una quantità efficiente, invece, opterà per il primo caso.

13.3.1 Monopolio naturale con imprese

Si deve applicare la Regola di Ramsey, ossia maggiore prezzo per i beni con domanda rigida, prezzo minore per i beni con domanda elastica.

13.4 TASSAZIONE OTTIMALE E IMPOSTA SUL REDDITO

Il modello di Edgeworth ci dice in che modo dobbiamo tassare i beni. Secondo Ramsey si devono tassare di più i beni a domanda rigida, le imposte dovrebbero essere regolate in modo tale da ottenere, dopo la tassazione, un'uguaglianza di reddito fra gli individui. Quindi fissare in alcuni casi anche un'aliquota del 100%, ossia sottrarre tutto il reddito al soggetto che deve pagare; in questo modello le aliquote possono essere molto alte.

Stern è contro l'ipotesi di Edgeworth, infatti elabora un sistema di tassazione secondo cui è importante superare una determinata soglia, chi supera tale soglia paga l'aliquota, chi non supera tale soglia riceve un sussidio.

L'imposta lineare sul reddito è l'imposta di Stern e si rappresenta con una funzione lineare ossia una retta.

$$\varepsilon = -a + t \cdot R$$

ε: entrate
a: sussidio ed è negativo perché rappresenta un'uscita
t · R: ammontare dell'imposta sul reddito da pagare

$$a = 100{,}00€;\ R = 0\ (\text{l'individuo non lavora}) \rightarrow 100{,}00+0\ \text{l'individuo percepirà tutto il sussidio.}$$

$$a = 100{,}00€;\ R = 400{,}00€;\ t = 10\% \rightarrow \varepsilon = 100 + 40 = -60\ \text{l'individuo percepisce } 60{,}00€ \text{ di sussidio}$$

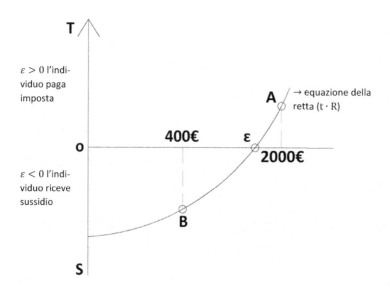

$$\varepsilon = -a + t \cdot R$$

T: rappresenta anche il coefficiente angolare di una retta

−a: intercetta verticale

La retta sarà crescente perché **T** è positivo e partirà da sotto perché **−a** è negativo.

$$a = 100,00€; R = 1000,00€; t = 10\% \rightarrow \varepsilon = 100 + 100 = 0$$

$\varepsilon = 1000,00€$ ossia incontriamo la retta e quindi non dovremo avere sussidio né pagare un'imposta;

A: dovremo pagare un'imposta;

B: riceveremo un sussidio.

La Regola di Stern, quindi, ci dice che la tassazione ottimale del reddito è rappresentato da quella combinazione di **a** e **t** tale da portare il bilancio in pareggio ossia

AMMONTARE IMPOSTE=AMMONTARE SUSSIDI

13.5 EVASIONE FISCALE

Innanzitutto è fondamentale distingue tra evadere ed eludere. Evadere significa fare qualcosa di illegale, come ad esempio non fare uno scontrino; eludere significa pagare meno tasse interpretando le lacune normative.

Quando conviene evadere e quando conviene eludere?

Quando evadiamo non paghiamo l'imposta che dovremmo, questo comporterà la possibilità di essere sanzionati, quindi evaderemo le tasse fino a quando la sanzione sarà minore dell'imposta non pagata.

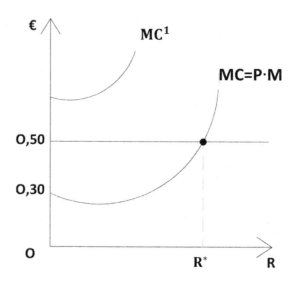

Il costo marginale **(MC)** rappresenta la probabilità di essere scoperti, moltiplicata la sanzione che dovremo pagare, sarà quindi crescente infatti **MC = P · M** (probabilità moltiplicato multa).

Supponiamo che l'imposta sia del 50%, quindi se evadiamo 1,00€ risparmieremo 0,50€; **MB** è il beneficio marginale ed è l'imposta che non paghiamo.

Da **O** a **R*** conviene evadere perché **MB ≥ MC**, dopo avremo **MB < MC** quindi l'importo della sanzione e la probabilità di essere sanzionati sono più alti dell'imposta che non pago. Non conviene mai evadere quando la **MC** parte sopra la **MB** (ad esempio **MC¹**), ossia **MC¹ > MB** per ogni **R**.

Capitolo Quattordicesimo
Tassazione da reddito da capitale

Gli interessi attivi si hanno quando colui che dà a prestito riceve una tassa sul prestito. Lo Stato dà la possibilità di dedurre gli interessi passivi. Vediamo cosa accade nei due casi:

$$C_0 < R_0 \quad \rightarrow \quad C_0 = I_0 - S$$

Cambia il consumo futuro

$$C_1 = I_1 + S + rS - t(rS)$$

rS: interessi attivi
-t(rS): imposta su interessi attivi

Supponiamo che l'individuo risparmia e quindi S=1

$$C_1 = I_1 + 1 + r \cdot 1 - t(r \cdot 1)$$
$$\downarrow$$
$$I_1 + 1 + r - t(r)$$

mettiamo **r** in evidenza

$$C_1 = I_1 + 1 + r(1 - t)$$

La formula quindi è $\Delta C_1 = 1 + r(1 - t)$ dove ΔC_1 ci dice di quanto è aumentato il nostro consumo e $(1 - t)$ è l'inclinazione del vincolo di bilancio in presenza di tassazione di reddito da capitale.

Vediamo cosa accade se siamo debitori

$$C_0 > I_0 \quad \rightarrow \quad C_0 = I_0 + B$$

$$C_1 = I_1 - B - rB + trB$$

trB ci dice che non paghiamo imposte sugli interessi passivi

Supponiamo B=1

$$C_1 = I_1 - 1 - r + t \cdot r$$
$$\downarrow$$
mettiamo in evidenza **r**
$$\downarrow$$
$$C_1 = I_1 - 1 + r(-1 + t)$$
$$\downarrow$$
$$\Delta C_1 = -1 + r(-1 + t)$$
$$\downarrow$$
$$-\Delta C_1 = 1 + r(1 - t)$$

$1 + r(1 - t)$ è la stessa formula di prima solo che adesso sarà l'inclinazione del vincolo di bilancio in presenza di deduzione degli interessi passivi.

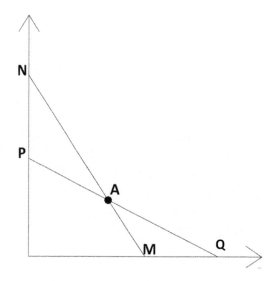

NM è il vincolo di bilancio in assenza di tassazione e deduzione. La sua inclinazione è **(1+r)**.

(1+r)1-t<1+r quindi il suo vincolo sarà più piatto **(PQ)**.

A è il paniere di dotazione iniziale. Il vincolo **NM** è più alto perché posso consumare attualmente di meno.

In **NA** non veniamo tassati e siamo risparmiatori; in **PA** non veniamo tassati; in **AQ** lo Stato ci deduce interessi passivi; in **AM** lo Stato non ci deduce interessi passivi.

Per questi motivi il nostro ragionamento si focalizza a sinistra di **A**. Se tasso il reddito da capitale si verificano due effetti:

- **sostituzione:** lo Stato tassa interessi attivi e quindi in futuro l'individuo consumerà meno, quindi l'individuo risparmierà meno e consumerà di più;
- **reddito:** mantenere invariato il potere d'acquisto, quindi l'individuo tenderà a risparmiare di più.

Questi due effetti si hanno solo se lo Stato tassa interessi attivi ossia il reddito da capitale.

L'individuo che deve fare? Dipende da quale effetto prevale delle due preferenze:

- se l'eff. di sostituzione > eff. reddito → $S \downarrow C_o \uparrow$;
- se l'eff. di sostituzione < eff. reddito → $S \uparrow C_o \downarrow$;
- se l'eff. di sostituzione = eff. reddito → $\Delta S = 0$.

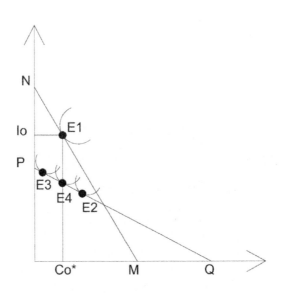

L'equilibrio sarà sul segmento **NA** perché siamo risparmiatori. Se tassiamo gli interessi attivi, il punto sarà sul vincolo **PA,** qualsiasi punto a destra di C_0^* fino ad **A** altrimenti diventiamo debitori.

In:

- $\varepsilon_2 = $ E. S. $>$ E. R.;
- $\varepsilon_3 = $ E. S. $<$ E. R. qualsiasi punto a sinistra di C_0^*;
- $\varepsilon_4 = $ E. S. $=$ E. R. dove C_0 tocca **PA**.

14.1 EFFETTI DERIVATI DA TASSAZIONE SULL'OFFERTA DI LAVORO

Dobbiamo considerare un'imposta distorsiva e quindi parliamo di imposte proporzionali-progressive e regressive.

Valutiamo due effetti:

- sostituzione: incentiva a lavorare meno ed aumentare il tempo libero;
- reddito: incentiva a lavorare di più.

Quale dei due effetti prevale? Dipende dal livello di reddito dell'individuo:

- se l'eff. di sostituzione $>$ eff. reddito $\rightarrow$ l'individuo lavora meno;
- se l'eff. di sostituzione $<$ eff. reddito $\rightarrow$ l'individuo lavora di più;
- se l'eff. di sostituzione $=$ eff. reddito $\rightarrow \Delta l = 0$.

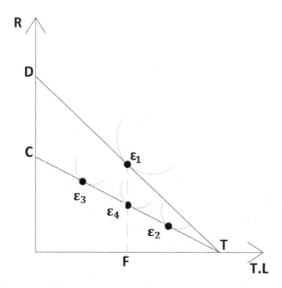

DT: vincolo iniziale, la sua inclinazione misura il salario orario (**W**)

ε_1: equilibrio iniziale, dato sempre dalla tangenza fra curva d'indifferenza e vincolo

Se abbiamo un'imposta proporzionale, l'aliquota sarà costante quindi l'imposta ruota intorno a **T**, vincolo **TC**. In base al nuovo vincolo dobbiamo valutare le tre ipotesi:

- se l'eff. di sostituzione > eff. reddito = punto a destra di $F \rightarrow L \downarrow (\varepsilon_2)$;

- se l'eff. di sostituzione < eff. reddito = punto a sinistra di $F \rightarrow L \uparrow (\varepsilon_3)$;

- se l'eff. di sostituzione = eff. reddito = $\rightarrow \Delta L = 0 \ (\varepsilon_4)$.

Nei tre casi avremo:

- I° caso: offerta di lavoro crescente;

- II° caso: offerta di lavoro decrescente;

- III° caso: offerta di lavoro perfettamente verticale.

In caso, invece, di imposta progressiva avremo l'aliquota che tenderà ad aumentare. Il vincolo tenderà ad essere sempre più piatto, avremo una spezzata perché l'imposta tende ad aumentare. Quindi potremo disegnare lo stesso grafico eseguito in precedenza ma con un vincolo spezzato.

14.2 LAFFER

Laffer si rese conto che non ha senso aumentare sempre l'aliquota perché al suo aumentare non è detto che il gettito per forza aumenti, ad un certo punto il gettito non aumenterà più, anzi potrebbe iniziare a diminuire. Il gettito, con un'aliquota al 100%, risulta essere nullo.

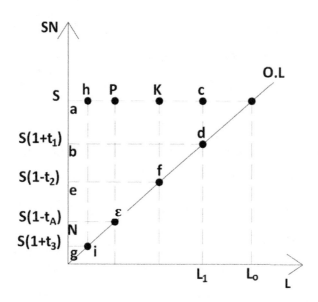

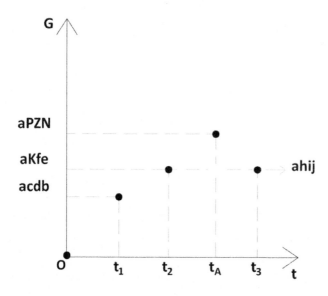

SN: salario netto
L: ore di lavoro
G: gettito
t: aliquota

Disegniamo una curva di offerta (**OL**). In assenza di tassazione il salario sarà **S** e il lavoro sarà il punto **L₀**. Questo corrisponde a **O** nel secondo grafico.

Ipotizziamo che lo Stato imponga un'aliquota $S = (1 - t_1)$. Il gettito è l'imposta per le ore di lavoro ed è rappresentato dall'area **acdb;** a questo punto lo riportiamo sul secondo grafico. Lo Stato impone una seconda aliquota, il nuovo salario sarà $S = (1 - t_2)$, il gettito è rappresentato dall'area **aKfe;** anche in questo caso lo riportiamo sul secondo grafico. Lo Stato aumenta ancora l'aliquota e avremo $S = (1 - t_A)$, il nuovo gettito sarà **aPZN;** come nei passaggi precedenti, riportiamo anche questa area sul secondo grafico. Aumentando ancora l'aliquota, il nuovo salario sarà $S = (1 - t_3)$, il nuovo gettito sarà l'area **ahig** che, riportato sul secondo grafico, avrà un valore più basso rispetto a $S = (1 - t_A)$.

Leffer ha evidenziato che fino a t_A il gettito aumenterà, oltre il gettito inizia a diminuire nuovamente, quindi risulta inutile tassare troppo perché si ha lo stesso risultato di un'imposta più bassa.

Scansiona il codice QR per restare sempre aggiornato
sulle novità Portalba Editori

© Copyright by "Portalba Editori ®". Tutti i diritti sono riservati. Nessuna parte di questa pubblicazione può essere fotocopiata, ri-prodotta, archiviata, memorizzata o trasmessa in qualsiasi forma o mezzo – elettronico, meccanico, reprografico, digitale – se non nei termini previsti dalla legge che tutela il Diritto d'Autore. Per altre informazioni si veda il sito **www.portalbaeditori.it**

Printed by Amazon Italia Logistica S.r.l.
Torrazza Piemonte (TO), Italy